AF628640

Riku Eats

UMAI!
EINFACH JAPANISCH KOCHEN

Riku Eats

UMAI!

EINFACH JAPANISCH KOCHEN

Über 50 authentische Rezepte für den Alltag

Community EDITIONS

KONNICHIWA!

An alle Fans und Freunde der japanischen Küche: Schön, dass dieses Buch den Weg in deine Hände gefunden hat. Dies ist mein erstes Kochbuch, und ich lade dich herzlichst in die Welt der japanischen Küche ein. Vielleicht vermisst du das Essen aus deinem letzten Japanurlaub und möchtest das Geschmackserlebnis zu dir nach Haus holen oder du interessierst dich einfach für diese köstliche Küche – egal was deine Motivation ist, hier bist du an der richtigen Stelle. Vor allem möchte ich dir den Einstieg erleichtern und dir näherbringen, wie du außerhalb Japans möglichst authentisch und einfach japanisch kochen kannst. Es ist nämlich gar nicht so kompliziert, wie man vielleicht meinen mag. Wichtig ist mir hier, dass es sich um realistische Zutaten und Gerichte handelt, damit du sie auch wirklich nachkochen kannst. In der Küche ist nämlich Praxis mindestens so wichtig wie Theorie.

Du fragst dich vielleicht, warum dieses Kochbuch den Titel »Umai!« trägt. Der Begriff stammt aus dem Japanischen und bedeutet »lecker« oder »köstlich«. Sagst du »Umai!«, drückt das die pure Freude und Begeisterung aus, die das Essen in dir hervorruft. Es ist ein Ausdruck des Genusses und der Zufriedenheit, die du erlebst, wenn alle deine Sinne angesprochen werden und der Geschmack unvergesslich bleibt.

Dieses Buch hat eine spezielle Bedeutung für mich. Es ist nicht nur eine Sammlung von vielen schmackhaften japanischen Gerichten, die ich als Kind schon gerne gegessen habe und auch heute noch esse (am liebsten natürlich bei Mama), sondern es steckt unglaublich vieeeel Liebe, Herzblut und Arbeit darin. Es brauchte viel Leidenschaft und die Unterstützung vieler Menschen.

Es ist es mir eine riesengroße Ehre, ein eigenes Kochbuch veröffentlichen zu können. Wer hätte gedacht, dass ich sowas mal sagen darf? Und in diesem Zuge möchte ich dir noch sagen: Du bist zu weitaus mehr fähig, als du vielleicht denkst! Und das nicht nur in der Küche. Trau dich, mache diese eine Sache, die du schon immer mal machen wolltest, und lass dich überraschen! Du weißt nie, was das Leben morgen für Abenteuer bringt.

Ich hoffe sehr, dass dir dieses Buch gefällt. Ich wünsche ganz viel Spaß beim Nachkochen und Genießen! Schön, dass ich dich auf diese kulinarische Reise begleiten darf.

Dein Riku

8 Einleitung
10 Einführung in die japanische Küche
13 Japanische Zutaten
19 Equipment für die japanische Küche

BASICS 基本レシピ

24 Nabetaki Gohan 鍋炊きご飯 – Reis im Topf kochen | **26 Awase Dashi** 合わせだし – Brühe aus Bonitoflocken und Kombu-Algen | **28 Miso Shiru** 味噌汁 – Klassische Misosuppe | **30 Sushi Meshi** すし飯 – Gewürzter Reis für Sushi

KLEINE BEILAGEN 小さなおかず

34 Ninjin no Kinpira 人参のきんぴら – Gebratene Karotten mit Sesam | **36 Hourensou no Gomaae** ほうれん草の胡麻和え – Spinatsalat mit Sesam | **38 Poteto Sarada** ポテトサラダ – Kartoffelsalat | **40 Hiyayakko** 冷奴 – Kalter Tofu mit Sojasauce | **42 Agedashi Tofu** 揚げ出し豆腐 – Frittierter Tofu in Dashi-Brühe | **44 Kyuri no Sunomono** きゅうりの酢の物 – Gurkensalat mit Thunfisch und Wakame-Algen | **46 Tamagoyaki** 卵焼き – Geschichtetes Omelett

FISCH & FLEISCH 魚と肉

50 Tori no Karaage 鶏のから揚げ – Frittiertes Hähnchen | **52 Gyoza** 餃子 – Gefüllte Teigtaschen | **54 Teriyaki Chicken** 照り焼きチキン – Gebratenes Hähnchen mit Teriyaki-Sauce | **56 Korokke** コロッケ – Kroketten | **58 Nikujaga** 肉じゃが – Fleisch- und Kartoffeleintopf | **60 Buta no Kakuni** 豚の角煮 – Geschmorter Schweinebauch | **62 Tonkatsu** とんかつ – Schnitzel | **64 Hambagu** ハンバーグ – Frikadelle | **66 Buta no Shougayaki** 豚の生姜焼き – Schweinefleisch in Ingwersauce | **68 Yakitori** 焼き鳥 – Hähnchenspieße | **70 Miso Lachs** 味噌サーモン – Lachs mit Miso-Marinade | **72 Tempura** 天ぷら – Frittieren nach japanischer Art

REISGERICHTE ご飯もの

76 **Onigiri** おにぎり – Reisbällchen mit drei Füllungen | 78 **Maki Sushi** 巻き寿司 – Hosomaki und Futomaki | 80 **Oyakodon** 親子丼 – Reis-Bowl mit Hähnchen und Ei | 82 **Gyudon** 牛丼 – Reis-Bowl mit Rindfleisch und Zwiebeln | 84 **Katsudon** カツ丼 – Reis-Bowl mit Schnitzel | 86 **Chirashi Sushi** ちらし寿司 – Sushi-Bowl | 88 **Soboro Don** そぼろ丼 – Reis-Bowl mit Hackfleisch und Ei | 90 **Omuraisu** オムライス – Omelett mit Reisfüllung | 92 **Kare Raisu** カレーライス – Curry mit Reis | 94 **Yakimeshi** 焼き飯 – Gebratener Reis

RAMEN, NUDELGERICHTE & CO. 麺料理

98 **Tantanmen** 担々麺 | 100 **Miso Ramen** 味噌ラーメン | 102 **Shoyu Ramen** 醤油ラーメン | 104 **Shio Ramen** 塩ラーメン | 106 **Ajitsuke Tamago** 味付け卵 – Marinierte Ramen-Eier | 108 **Chashu Topping** チャーシュー – Geschmorter Schweinebauch für Ramen | 110 **Menma** メンマ – Marinierte Bambussprossen | 112 **Yaki Udon** 焼きうどん – Gebratene Udon-Nudeln | 114 **Yakisoba** 焼きそば – Gebratene Nudeln | 116 **Naporitan** ナポリタン – Spaghetti mit Ketchup und Würstchen | 118 **Kake Udon** かけうどん – Udon-Nudeln in Dashi-Brühe | 120 **Okonomiyaki** お好み焼き – Japanische »Pizza« | 122 **Kurimu Shichu** クリームシチュ– Creme-Eintopf | 124 **Tamago Sando** 卵サンド – Eier-Sandwich | 126 **Chanko Nabe** ちゃんこ鍋 – Sumo-Eintopf mit Gemüse und Fleischbällchen

SÜSSES スイーツ

130 **Ichigo Daifuku** いちご大福 – Mochi mit Erdbeeren und roter Bohnenpaste | 132 **Matcha Aisu** 抹茶アイス – Matcha-Eis mit nur drei Zutaten (ohne Eismaschine) | 134 **Mitarashi Dango** みたらし団子 – Dango-Spieß mit süß-herzhafter Sauce | 136 **Hanami Dango** 花見団子 – Dreifarbiger Dango-Spieß | 138 **Matcha Kekse** 抹茶クッキー – Marmorkekse mit Matcha

140 Danksagung | 140 Über den Autor | 141 Zutatenglossar | 142 Zutatenregister

EINLEITUNG

Tauche mit mir in die Welt der japanischen Küche ein und lass dir von jeder Menge authentischen Rezepten den Alltag versüßen!

Als in Deutschland aufgewachsener Deutsch-Japaner habe ich stets zwischen den beiden Kulturen gelebt. Dabei war die deutsche Kultur immer in meiner Nähe, während meine Verbindung zur japanischen Kultur als Kind zunächst auf die Sprache und seltene Urlaube begrenzt war. Meine Mutter hat jeden Tag für uns gekocht und je älter ich wurde, desto häufiger konnte ich in der Küche mithelfen. Dank ihr habe ich daher eine Menge von der alltäglichen japanischen Küche schmecken und lernen dürfen. So konnte ich über das Kochen und Essen eine starke Verbindung zu der japanischen Kultur aufbauen.

Seit einiger Zeit habe ich dank meiner Kanäle auf Social Media das große Glück, die japanische Essenskultur an tausende von Menschen weitergeben zu können. Mein Ziel dabei ist es, mit Zutaten, die hier zu Lande leicht zu bekommen sind, und einfachen Zubereitungsschritten authentisch japanisch zu kochen und dieses Wissen mit anderen kochbegeisterten Menschen zu teilen. Diese Rezepte sollen nicht allzu extravagant sein, sondern das widerspiegeln, was in vielen japanischen Haushalten im Alltag auf den Tisch kommt. So wird das Beste aus beiden Welten vereint.

Authentische japanische Gerichte zuzubereiten ist einfacher, als du denkst. Besonders viel Wert wird auf die Qualität der Zutaten und das Aussehen der Speisen gelegt. Viele Leute denken, dass es in der japanischen Küche um komplizierte Rezepte mit schier endlosen Listen an Zutaten und Gewürzen geht. Das ist allerdings ein Irrtum. Es gibt viele alltagstaugliche Rezepte, für die du nur einige spezielle Grundzutaten benötigst, mit denen du viele klassische Gerichte aus Japan zubereiten kannst. Wenn du die Hauptzutaten, wie beispielsweise Sojasauce, einmal gekauft hast, kannst du sie immer wieder verwenden. Es bleibt keine Zutat für längere Zeit im Schrank liegen, nur weil du sie für ein einziges Rezept gebraucht hast. Das ist das Schöne an der japanischen Küche!

Mit diesem Kochbuch möchte ich dir nicht nur eine Einführung in die japanische Küche und Kultur geben, sondern auch viele authentische japanische Gerichte zeigen, die du ganz ein-

fach nachkochen kannst. Bei einigen Rezepten könntest du trotzdem etwas länger in der Küche stehen als bei anderen. Dieser Aufwand wird sich aber definitiv lohnen!

Die japanische Küche hat so viel mehr zu bieten als Sushi oder Ramen! Natürlich liebe auch ich diese beiden Klassiker, weshalb meine Versionen dieser Gerichte hier natürlich nicht fehlen dürfen. Dennoch lege ich dir ans Herz, auch die anderen Reis-, Nudel-, Gemüse- und Fleischgerichte sowie Süßspeisen zu probieren. Durch diese Vielfalt an verschiedenen Rezepten bekommst du nicht nur viel Abwechslung, sondern auch ausgewogene Mahlzeiten, die dich für den Alltag stärken. Ich freue mich ungemein darüber, dir mit diesem Kochbuch ein Stück Japan in dein Zuhause bringen zu können!

Zuletzt bleibt mir nur noch zu sagen, dass du meine Rezepte selbstverständlich nach Belieben abwandeln kannst. Sei es Gemüsesorte oder Gewürz, probiere dich einfach ein bisschen aus und scheue dich nicht davor, die Rezepte nach deinen persönlichen Präferenzen anzupassen. Was zählt, ist, dass es dir schmeckt.

EINFÜHRUNG IN DIE JAPANISCHE KÜCHE

In Japan wird nur Sushi und Ramen gegessen? Diese Aussage könnte unwahrer nicht sein! Um mit diesem Vorurteil endgültig aufzuräumen, folgt hier ein kleiner Crashkurs über die japanische Küche.

Durch die weltweit zunehmende Beliebtheit von Sushi und Ramen hat die japanische Küche viel Aufmerksamkeit gewonnen. Es stammen jedoch noch viele weitere großartige Gerichte aus dem Land der aufgehenden Sonne, die ich euch nicht vorenthalten möchte. Nicht umsonst ist für viele Tourist:innen in Japan das Essen ein absolutes Highlight, worauf nach der Reise gerne zurückgeblickt wird (ich kenne einige Personen, die das bestätigen können). Andererseits vermissen viele im Ausland lebende Japaner:innen das heimische Essen (auch das kann ich bestätigen).

Für viele Japanerinnen und Japaner ist die Landesküche ihr ganzer Stolz. Denn die japanische Küche blickt auf viele, wirklich viele Jahrhunderte Tradition zurück. Das zeigt sich im Geschmack und in der Ästhetik.

Großer Wert wird nicht nur auf die Qualität der Zutaten und die Zubereitung gelegt, sondern auch auf das Aussehen der Speisen. Das gilt für jedes Gericht, ob extravagant oder ganz einfach. Daneben ist Vielfalt ein wichtiger Aspekt. Es wird viel frisches Gemüse, Fisch und Fleisch verarbeitet. Sojaprodukte wie z. B. Sojasauce, Tofu und Miso finden ihren Platz in den meisten Rezepten. Wie du siehst, wird nicht nur roher Fisch verwendet! Die Ernährung in Japan ist also vielfältig und gleichzeitig ausgewogen, weswegen die traditionelle japanische Küche als sehr gesund gilt. (Bei den sündhaft leckeren industriell hergestellten Snacks sieht das etwas anders aus, aber das ist ein eigenes Thema.)

Auch wenn sich To-Go-Snacks und kalte Mahlzeiten allmählich etablieren, sind warme Speisen für viele Japaner:innen die erste Wahl. Egal ob mittags, abends oder auch morgens, meistens steht eine warme Mahlzeit auf dem Tisch. Obwohl Müsli oder Brot nach und nach immer beliebter werden, besteht ein typisch japanisches Frühstück aus Reis, Suppe und verschiedenen Beilagen. Das sorgt für einen energiereichen Start in den Tag. Für viele Japaner:innen im Ausland kann es ein echter Schock sein, nur einmal am Tag warm zu essen. Brot mit Aufschnitt zum Abendessen? Zunächst unvorstellbar, aber auch das hat definitiv seinen eigenen Charme.

Die Gesamtheit der japanischen Speisen kann in zwei große Bereiche unterteilt werden: Washoku und Yoshoku.

Washoku (wörtlich »japanisches Essen«) beschreibt die traditionelle Seite der japanischen Küche. Sie basiert auf einer jahrhundertelangen Tradition, in der die Saisonalität der Zutaten eine wichtige Rolle spielt. Reis und Misosuppe dürfen dabei definitiv nicht fehlen.
Die andere Seite nennt sich **Yoshoku** (wörtlich »westliches Essen«). Aufgrund der Globalisierung haben auch Einflüsse aus dem Ausland Eingang in die japanische Küche gefunden, seien es Sandwiches, Omelett oder Spaghetti. Die japanische Bevölkerung fand sehr viel Gefallen daran, eigene Varianten der ausländischen Rezepte zu kreieren. Es klingt zwar widersprüchlich, aber auch diese Gerichte sind inzwischen so tief in der japanischen Küche verwurzelt, dass sie beinahe als traditionell japanisch gelten könnten. Yoshoku-Gerichte werden meistens mit Löffel oder Gabel anstelle von Stäbchen verspeist, so wie z. B. das japanische Curry.

Doch was steht in einem japanischen Haushalt normalerweise auf dem Tisch? Man orientiert sich beim Kochen an der Formel »Ichiju Sansai« (wörtlich »Eine Suppe, drei Gerichte«). Das betrifft besonders die Washoku-Küche. Demnach besteht eine japanische Mahlzeit also aus einer Suppe und weiteren drei Komponenten. Das kann ein Hauptgericht mit Fisch oder Fleisch, gekochtem Gemüse und einem kleinen Salat zusammen mit einer Misosuppe sein. Alles wird in verschiedenen Schalen oder auf Tellern getrennt voneinander serviert. Der dazugehörige Reis bedarf keiner Erwähnung, da er als selbstverständliche Komponente einer Mahlzeit betrachtet wird. Er darf sowieso nicht fehlen!

Diese Formel soll aber nur eine grobe Orientierung sein. Falls etwas fehlen sollte oder mehr auf dem Tisch steht, ist das überhaupt nicht schlimm! Nicht jeder kann sich immer daranhalten, ich auch nicht. Diese Formel soll nur verdeutlichen, dass es mehr als das übliche Hauptgericht gibt, das auf einem Teller serviert wird.

Der Reis steht in der Regel links und die Misosuppe rechts auf dem Tisch. Dazwischen die anderen Gerichte und nach vorne kommen die Stäbchen.

JAPANISCHE ESSGEWOHNHEITEN

— Vor dem Essen legt man die Hände zusammen und sagt **»Itadakimasu«** (wörtlich: »Ich empfange [das Essen]«), während du nach dem Essen **»Gochisousama«** sagst (wörtlich »Danke für das leckere Essen«). Vor allem in Familien wird das beim gemeinsamen Essen so gut wie immer praktiziert, um es den Kindern von klein auf beizubringen.

— Die verschiedenen Komponenten einer Mahlzeit werden nicht nacheinander gegessen, sondern gleichmäßig im ständigen Wechsel ohne bestimmte Reihenfolge. Also hier mal vom Fleisch, dann dort vom Gemüse, etwas Reis und schließlich Suppe. So bekommst du Abwechslung und alles harmoniert hervorragend miteinander.

— Je nach Situation und Gericht können in einer größeren Runde Hauptgerichte auf einem Teller serviert und geteilt werden. Dann bekommt jede Person am Tisch einen kleinen Teller, wo sie ihr Essen ablegen kann.

ESSEN MIT STÄBCHEN

— Dass japanische Gerichte meist mit Stäbchen gegessen werden, ist kein Geheimnis. Die Frage ist nur, wie du mit ihnen umgehst. Hier einmal die wichtigsten No-Gos:

— Niemals mit Stäbchen auf etwas oder jemanden zeigen.

— Niemals Essen mit Stäbchen aufspießen; besser zerteilen und dann nehmen.

— Stäbchen niemals in den Reis stechen, das wird nur am Trauertag verstorbener Personen gemacht. Wenn möglich, Stäbchen immer auf einem Stäbchenhalter ablegen. Notfalls die Stäbchenspitzen auf einen kleinen flachen Teller ablegen.

— Stäbchenpaare dürfen sich nicht berühren. Deshalb mit Stäbchen kein Essen weitergeben. Besser erst auf einem Teller ablegen, damit es dann von der anderen Person aufgenommen werden kann.

GANZ SPEZIELLE GEWOHNHEITEN

— Nudeln dürfen geschlürft werden – das verhindert, dass man sich bei besonders heißen Gerichten wie z. B. Ramen verbrennt!

— Für heiße Suppen gilt das Schlürfen genauso. Die Misosuppe wird typischerweise ohne Löffel vorsichtig aus der Schale getrunken.

— Sushi darfst du nicht nur mit Stäbchen, sondern auch mit der Hand essen.

JAPANISCHE ZUTATEN

Wie bereits erwähnt brauchst du für die japanische Küche einige bestimmte Grundzutaten, die häufig verwendet werden. Du musst also nicht jeden Tag in den Asiamarkt. Für den Anfang kannst du dich beim Einkaufen zunächst an dieser Liste orientieren und dich dann von Rezept zu Rezept arbeiten. Für was du dich entscheidest, ist egal, denn es ist nur eine Frage der Zeit, bis du alle Zutaten zusammenhast.

DER EINKAUF

Einige japanische Zutaten gibt es tatsächlich bereits in jedem Supermarkt. Dort sind aber z. B. Sojasauce oder Mirin meistens nur in kleinen Mengen verfügbar. Ich empfehle dir, lieber einen Asiamarkt in deiner Nähe aufzusuchen, der auch japanische Produkte im Angebot hat. Saucen, Gewürze, Nudeln – dort findest du Produkte direkt aus Japan in größeren Verpackungseinheiten. Das kann zunächst etwas teurer erscheinen, dennoch lohnt sich der Einkauf bei haltbaren Zutaten preislich definitiv. Außerdem schmecken die Gerichte mit Zutaten und Gewürzen, die direkt aus Japan importiert wurden, einfach authentischer. Durch das große Sortiment kannst du zudem deinen Einkauf in einem Durchgang beenden und musst nicht mehrere Läden abklappern. Solltest du keinen Asiamarkt in deiner Nähe haben, gibt es auch im Internet viele Möglichkeiten, diese Produkte zu bestellen (z. B. bei »Nanuko« oder »go asia«).

DIE GRUNDZUTATEN

1. Reis – In Japan wird vorwiegend weißer Rundkornreis gegessen. Er ist als Beilage zu Gerichten sowie als Grundlage für Sushi, Onigiri oder Donburi unersetzlich. Der japanische Reis ist leicht süßlich und klebrig, weswegen er problemlos geformt oder mit Stäbchen gegessen werden kann. Beliebte Reissorten in Japan sind z. B. »Koshihikari« oder »Akitakomachi«.
Hier in Deutschland ist »Sushi-Reis« am weitesten verbreitet. Du findest ihn auch in vielen Supermärkten. Er ähnelt dem Reis aus Japan am meisten. Du kannst ihn zubereitet und gewürzt natürlich für Sushi verwenden, doch trotz des Namens auch für viele andere köstliche Reisgerichte oder als Beilage zu anderen Speisen. Das macht ihn zur besten Alternative für importierten Reis aus Japan.

Beachte: »Sushi-Reis« ist nicht gleich Sushi-Reis. Das klingt etwas verwirrend, der Begriff kann zwei Bedeutungen haben: Einmal handelt es sich lediglich um die Bezeichnung der Reissorte. Andererseits wird »Sushi-Reis« auch als Bezeichnung für den bereits zubereiteten und gewürzten Reis für Sushi benutzt.

2. Sojasauce – Die Sojasauce ist wohl eine der wichtigsten Grundzutaten. Sie verleiht den Gerichten eine herzhafte und salzige Geschmacksnote. Generell wird zwischen dunkler (»Koikuchi«) und heller (»Usukuchi«) Sojasauce unterschieden. Durch ihren niedrigeren Salzgehalt ist die helle Variante eher für leichte Suppen und Gemüse geeignet. Es reicht aber im Allgemeinen aus, eine dunkle Sojasauce vorrätig zu haben, da sie vielseitig einsetzbar ist. Sojasauce aus anderen asiatischen Ländern kann sich geschmacklich unterscheiden, weswegen ich dir empfehle, ein japanisches Produkt zu kaufen.

3. Sake – Sake ist ein alkoholisches Getränk aus fermentiertem Reis, das du nicht nur trinken, sondern auch zum Kochen benutzen kannst. Es verleiht den Gerichten ein natürliches Aroma, macht Fisch und Fleisch zart und entfernt dabei unerwünschten Fischgeruch.

4. Mirin – Mirin ist ein japanischer Reiswein, der zum Kochen benutzt, aber nicht getrunken werden kann. Er verleiht vielen Saucen und Gerichten den charakteristischen Glanz. Durch den Zucker und den niedrigen Alkoholgehalt sorgt er für eine süßliche Note, die perfekt mit herzhaften Aromen harmoniert.

5. Dashi – Dashi ist ein japanischer Fischfond, der Gerichte »japanisch« schmecken lässt. Hergestellt wird Dashi traditionell mit Bonitoflocken (»Katsuobushi«), Kombu-Algen und gelegentlich Shiitakepilzen. Da die Zubereitung und Lagerung einer Dashi-Brühe ziemlich aufwendig sind, gibt es fertiges Dashi-Pulver zu kaufen. Ähnlich wie bei Pulver für Hühnerbrühe muss das Dashi-Pulver lediglich beim Kochen hinzugefügt werden. Diese Instantversion erleichtert das Kochen ungemein, wodurch sich viel Zeit sparen lässt. Im Asiamarkt findest du dieses Pulver unter dem Namen »Dashi no Moto«.

6. Reisessig – Reisessig wird aus fermentiertem Reis hergestellt. Mit seiner milden, angenehmen Säure verfeinert er nicht nur Sushi-Reis, sondern auch viele Saucen, Dressings und Gemüsegerichte.

7. Miso – Miso ist fermentierte Sojabohnenpaste. Sie wird vor allem für die klassische Misosuppe verwendet, kann aber auch für andere Suppen oder als Dip und Marinade eingesetzt werden. Es gibt verschiedene Sorten von Misopaste, ich empfehle dir das helle »Shiro«-Miso. Es ist salzig, angenehm süß und voller Umami – nicht umsonst die erste Wahl für viele Japaner:innen (und mich!). Das dunkle »Aka«-Miso ist viel intensiver und für die meisten erst einmal etwas gewöhnungsbedürftig, weswegen du erst dazu greifen solltest, wenn du erfahrener bist und etwas Neues ausprobieren möchtest.

8. Sesamöl – Das aus Sesamsamen gewonnene Öl kommt in der asiatischen und somit auch japanischen Küche oft zum Einsatz. Es hat eine nussige Note und verleiht durch seinen Röstgeschmack vielen Gerichten, Salaten und Suppen das gewisse Etwas.

SAUCEN

Neben den Grundzutaten und Gewürzen gibt es interessante Saucen zu entdecken. Hier sind die wichtigsten für den Einstieg in die Welt der japanischen Küche:

1. Teriyaki-Sauce – Die Teriyaki-Sauce ist wohl von allen japanischen Saucen die bekannteste. Trotz vieler Varianten weltweit wird sie traditionell nur mit vier Zutaten gemacht: Sojasauce, Mirin, Sake und Zucker. Die glänzende, herzhaft-süße Sauce ist die perfekte Ergänzung für Fisch, Fleisch, Gemüse und viele weitere Köstlichkeiten! Du kannst sie zwar im Laden bereits fertig kaufen, ich empfehle dir aber, sie selber zu kochen, da die Zubereitung wirklich sehr simpel ist (siehe Rezept für Teriyaki Chicken S. 54).

2. Japanische Mayonnaise – Jeder spricht über japanische Mayonnaise und das nicht ohne Grund! Sie unterscheidet sich von den hierzulande erhältlichen Produkten durch ihren hohen Eigelbgehalt und intensiven Geschmack. Sie ist voller im Aroma und ein Muss für alle, die Dips lieben! Die wohl beliebteste Marke in Japan ist »Kewpie«.

3. Tonkatsu-Sauce – Die braune und leicht dickflüssige Sauce findet oft Verwendung als Begleitung zu frittierten Gerichten wie beispielsweise dem Tonkatsu-»Schnitzel« (siehe S. 62). Sie vereint leicht süßliche und saure Noten, die einen vollmundigen und erfrischenden Geschmack ergeben. Die beliebteste japanische Marke ist »Bulldog«.

4. Braune Saucen – Sie sind nach bestimmten Gerichten benannt:

Okonomi-Sauce für Okonomiyaki (siehe S. 121)
Yakisoba-Sauce für Yakisoba (siehe S. 114)
Takoyaki-Sauce für Takoyaki (Oktopusbällchen)

Die populärste Marke für diese Saucen nennt sich »Otafuku«. Alle drei haben ähnliche Eigenschaften im Geschmack sowie in der Konsistenz und ähneln der Tonkatsu-Sauce. Sie werden vor allem für die jeweiligen Gerichte verwendet. Natürlich gibt es aber auch ein paar feine Unterschiede. Die eine Sauce hat etwas mehr Süße, die andere ist etwas säuerlicher, oder die Zutatenliste weist kleine Differenzen auf. Trotzdem macht es im Großen und Ganzen für das Endergebnis keinen ausschlaggebenden Unterschied, wenn man nicht jeden Tag dreimal damit kocht. Möchtest du dir also den Vorratsschrank nicht mit unzähligen Saucen vollstopfen, kann für den Anfang die Tonkatsu-Sauce vollkommen ausreichen. Du kannst sie dann anstelle der anderen Saucen benutzen. Nach einiger Zeit willst du aber bestimmt alle Saucen probieren!

5. Ponzu – Diese japanische Würzsauce besteht primär aus Sojasauce und Essig und ist mit Yuzu oder Zitrone verfeinert. Die herzhaften, süßen, aber auch sauren Aromen eignen sich perfekt als Dip für Gemüse und Fleisch aus Eintöpfen.

6. Sesamdressing – Ein beliebtes Dressing, basierend auf geröstetem Sesam. Neben dem dominanten nussigen Geschmack ist es leicht süßlich und säuerlich – eine perfekte Kombination für Salate oder als Dip für Gemüse und Fleisch.

7. Tsuyu – Die Tsuyu-Sauce besteht aus Sojasauce, Dashi und Mirin. Sie kann als Suppenbasis oder Dip für Nudeln oder andere Gerichte benutzt werden. Da sie mit drei der Grundzutaten der japanischen Küche zubereitet wird, entsteht sie in vielen Rezepten bereits automatisch. Muss es aber mal blitzschnell gehen, kann man zu einer Flasche greifen, um die Zubereitungszeit eines Gerichtes zu verkürzen.

Die Anzahl der verschiedenen Saucen kann erstmal überfordernd wirken. Daher empfehle ich dir für den Anfang zunächst japanische Mayonnaise, Tonkatsu-Sauce und Sesamdressing vorrätig zu haben.

NUDELSORTEN

Jeder kennt und liebt Ramen. Die japanische Küche hat aber in Sachen Nudeln noch viel mehr zu bieten. Hier findest du die wichtigsten japanischen Nudelsorten im Überblick:

Ramen – Die allseits beliebten Nudeln für Ramen bestehen traditionell aus Weizenmehl, Salz und alkalischem Wasser, auch »Kansui« genannt. Sie werden für gewöhnlich zusammen mit einer heißen Brühe und Toppings serviert (siehe S. 98–107).

Fun Fact: Ramen haben ihren Ursprung nicht in Japan, sondern in China. Die japanische Küche hat sie übernommen, stetig angepasst und ausgebaut, bis sie sich im ganzen Land verbreitet haben. Heute sind Ramen ein fester Bestandteil der japanischen Küche, dennoch werden die Ramen-Nudeln auch »Chukamen« oder »Chukasoba« genannt, was übersetzt »chinesische Nudeln« heißt.

Udon – Die weißen, etwas dickeren Weizennudeln bestehen aus Weizenmehl, Salz und Wasser. Udon-Nudeln zeichnen sich vor allem durch ihre Elastizität aus. Sie werden entweder als gebratene Nudeln oder in einer heißen Brühe als Nudelsuppe serviert (siehe S. 112 & 118).

Yakisoba – Yakisoba sind gebratene Nudeln nach japanischer Art. Die aus Weizenmehl bestehenden Nudeln erkennt man gut an ihrer gelben Farbe. Typischerweise werden sie mit Gemüse und wahlweise Fleisch angebraten und mit einer Sauce gewürzt (siehe S. 114). Solltest du keine Yakisoba-Nudeln finden, eignen sich Ramen-Nudeln durch ihre ähnlichen Eigenschaften perfekt als Ersatz.

Soba – Soba sind Nudeln aus Buchweizenmehl, die bräunlich-grau und dünn sind. Die leicht nussig schmeckenden Nudeln werden in einer heißen Brühe oder kalt zusammen mit einem Dip zum Eintunken serviert.

Übrigens: Soba hat in der japanischen Sprache zwei Bedeutungen. Einerseits ist es das Wort für Buchweizen, anderseits ist es eine Art Oberbegriff, wenn von Nudeln die Rede ist. So findet sich der Begriff auch in Yakisoba (Yaki = gebraten, Soba = Nudeln).

Somen – Ähnlich wie Udon-Nudeln bestehen Somen-Nudeln aus Weizenmehl, Salz und Wasser. Die dünnen, fast fadenartigen Nudeln werden besonders gerne im Sommer kalt mit einem Dip serviert, finden aber auch in einer heißen Nudelsuppe gelegentlich ihren Weg auf den Tisch.

In diesem Buch findest du für die beliebtesten drei Nudelsorten (Ramen, Udon, Yakisoba) leckere Rezepte. Hast du bereits Erfahrung oder möchtest etwas Neues probieren, kann ich dir nur empfehlen, dich mit Soba- und Somen-Nudeln auszutoben!

GUT ZU WISSEN

1. Hähnchenfleisch – Für Hähnchengerichte bevorzugt man in Japan oft Hähnchenkeulen, da sie zarter und saftiger sind als andere Teile. Während diese in Japan bereits entbeint verkauft werden, findet man sie hier in der Regel mit dem Knochen. Wenn du sie beim Metzger kaufst, übernimmt er vielleicht das Entbeinen für dich. Du kannst das aber auch selbst schaffen – mit etwas Übung geht das schneller und einfacher als gedacht! Als Alternative eignet sich Brustfilet.

2. Dünn geschnittenes Fleisch – Dünn geschnittenes Fleisch ist in Japan in so gut wie allen Supermärkten verfügbar, da es für bestimmte Gerichte gerne benutzt wird. In Europa ist das leider nicht der Fall, deshalb muss eine Alternative her! Entweder gehst du zum Metzger deines Vertrauens oder in den Asiamarkt. Dort findest du im Gefrierfach bereits dünn geschnittenes Fleisch für Hot Pot, das sich perfekt für die in diesem Kochbuch enthaltenen Rezepte eignet. Du kannst aber auch ein Stück Fleisch kaufen und einfrieren, dann kurz auftauen lassen, sodass es noch etwas gefroren ist, und mit einem scharfen Messer selbst in dünne Streifen schneiden.

3. Tofu – Tofu ist ein allseits beliebtes Sojaprodukt, das nicht nur als Ersatz für Fleisch, sondern als eigenständige Zutat gerne benutzt wird. Grob gesagt gibt es weichen und festen Tofu. Als Seidentofu bekannt, ist der weiche Tofu durch den hohen Wasseranteil schön cremig und weich. Oft wird er für Suppen oder sogar Desserts genutzt. Der feste Tofu hingegen, auch Naturtofu genannt, eignet sich durch die feste Konsistenz zum Braten und Frittieren. Seidentofu erfordert stets mehr Feingefühl, da er empfindlicher ist.

Übrigens: Räuchertofu ist keine japanische Erfindung. Auch wenn er passend zubereitet sehr lecker sein kann, findet er in der japanischen Küche keine Verwendung und ist als Alternative generell nicht passend, da die Konsistenz und der Geschmack sich zu sehr von den zwei Standardsorten unterscheiden.

DAS ERSETZEN VON ZUTATEN

Generell empfehle ich dir, die hier vorgestellten Zutaten zu benutzen, um einen möglichst authentischen Geschmack zu erzielen. Aber manchmal vergisst man etwas beim Einkaufen oder hat es einfach nicht vorrätig. Passiert mir das mal, ersetze ich die entsprechend fehlende Zutat, bei der es möglich ist:

— statt japanischem Rundkornreis oder Sushi-Reis Milchreis nehmen (aber natürlich mit Wasser und nicht Milch kochen!),

— statt Sake auf trockenen Weißwein zurückgreifen,

— statt Dashi-Brühe kannst du Hühner-, Gemüsebrühe oder leicht gestreckten Fischfond verwenden.

— Wenn dir Mirin fehlt, einfach etwas Weißwein und Zucker vermischen.

Beachte, dass sich durch den Ersatz von Zutaten der Geschmack des Gerichts leicht verändern kann.

FÜR DEINEN VORRATSSCHRANK

Als kleine Zusammenfassung findest du hier eine kurze Einkaufsliste, die dir den Einstieg in die japanische Küche erleichtern soll. Diese Zutaten bilden die Basis für viele Gerichte und geben dir ein gutes Fundament für verschiedene Zubereitungsarten.

EINKAUFSLISTE

Grundzutaten
Japanischer Rundkornreis/Sushi-Reis
Sojasauce
Sake
Mirin
Dashi-Pulver
Reisessig
Miso
Sesamöl

Saucen
Japanische Mayonnaise
Tonkatsu-Sauce
Sesamdressing

Nudelsorten
Ramen
Udon
Yakisoba

Sobald du diese Basis besitzt, kannst du dich von Rezept zu Rezept hangeln und weitere Zutaten einkaufen!

EQUIPMENT FÜR DIE JAPANISCHE KÜCHE

Die japanische Küche kann kompliziert und aufwendig wirken, demnach braucht man Unmengen von speziellem Equipment, um erfolgreich alle Gerichte nachkochen zu können, oder? Nein! Außer wenige bestimmte Utensilien für einzelne Gerichte sollte eine normale Küchenausstattung komplett reichen. Ich selber habe zu Hause nur eine kleine Küche mit nicht allzu viel Platz, das ist, glaube ich, schon Beweis genug.

STANDARDEQUIPMENT

- Töpfe und Pfannen in verschiedenen Größen: Ohne geht nun wirklich nicht!
- Kleine und große Schalen: Irgendwo müssen die Zutaten ja rein.
- Kleines und großes Sieb: Praktisch zum Abgießen und Abschöpfen.
- Teigspatel, Kochlöffel, Pfannenwender, Schneebesen, Schöpfkelle
- Reibe: In der japanischen Küche liebt man geriebenen Ingwer, Knoblauch und Daikon-Rettich!
- Mörser: Zum Mahlen von Sesam
- Mikrowelle: Für kleinere Zubereitungsschritte kann eine Mikrowelle sehr nützlich und effizient sein. Aber keine Sorge, solltest du keine besitzen, ist das auch gar nicht schlimm. Ein Topf auf dem Herd reicht aus.
- Große und kleine Messer
- Messbecher
- Küchenwaage
- Schneidebrett

JAPANISCHES EQUIPMENT

Das alles kanntest du bisher schon. Hier kommen jetzt aber einige Dinge, die speziell in der japanischen Küche verwendet werden. Dieses Equipment solltest du in den meisten großen Asiamärkten oder Onlineshops finden:

Reiskocher – Einen Reiskocher findest du in so gut wie jedem Haushalt in Japan und in 90% aller Fälle ist er mit viel gutem Reis gefüllt. Wenn du öfters mit Reis kochst, ist es sehr praktisch, mit nur einem Knopfdruck perfekt gekochten Reis zu erhalten.
Wie du siehst, kann dir dieses Gerät dein Leben in der Küche wirklich erleichtern. Aber es ist definitiv kein Muss! In diesem Buch zeige ich dir unter anderem, wie du perfekten Reis im Topf kochen kannst.

Donabe-Töpfe – Das sind traditionelle Töpfe aus Keramik mit passendem Deckel. Donabe-Töpfe können aber mehr, als nur durch ihre vielen Designs schick auszusehen. Sie bringen einige Vorteile bei der Zubereitung mit sich, besonders der Reis kommt jedes Mal perfekt aus diesem Topf. Einen Donabe-Topf würde ich großen Fans der japanischen Küche empfehlen, die auch die Ästhetik und Geschichte dahinter reizt. Ansonsten reicht ein herkömmlicher Topf auch vollkommen aus!

Stäbchen – In Japan essen wir mit Stäbchen, das ist nicht unbekannt. Dass wir diese aber auch beim Kochen benutzen, weiß nicht jeder! Ich habe in meiner Küche lange Stäbchen, sogenannte »Saibashi«, die ich nur für die Zubereitung meiner Gerichte verwende. Mit diesen etwa 30 Zentimeter langen Stäbchen kannst du greifen, rühren, wenden und vieles mehr … Sie sind schlichtweg ziemlich praktisch. Du kannst aber selbstverständlich auch kürzere Stäbchen verwenden.

EQUIPMENT FÜR SPEZIELLE GERICHTE

Für einige Gerichte kann es nicht schaden, sich spezielle Utensilien anzuschaffen. Es gibt immer Alternativen, die man benutzen kann, aber wenn du diese Gerichte des Öfteren zubereiten willst, lohnt es sich, darüber nachzudenken. Selbstverständlich gibt es noch weitere, spezielle Utensilien, die in der japanischen Küche verwendet werden. Die hier vorgestellten Gegenstände sind für den alltäglichen Gebrauch jedoch vollkommen ausreichend.

Für Tamagoyaki – Tamagoyaki ist ein geschichtetes Omelett, das in einer Tamagoyaki-Pfanne zubereitet wird. Sie unterscheidet sich durch ihre viereckige Form wesentlich von herkömmlichen Pfannen. So entsteht die charakteristische Optik des Omeletts ohne großen Aufwand.

Für Sushi – Diese drei Dinge verhelfen dir zu einem optimalen Ergebnis beim Sushi machen!

— Hangiri und Shamoji – Hangiri ist eine große Holzschüssel, in welcher der gegarte Sushi-Reis gewürzt wird. Mit dem Shamoji, einem Löffel, der ebenfalls aus Holz ist, wird dann die Essigmischung unter den Reis im Hangiri gehoben. Beides ist für Sushi-Köche essenziell, denn das Holz nimmt bei der Zubereitung überschüssige Feuchtigkeit aus den Reiskörnern auf und sorgt für die perfekte Konsistenz.

— **Makisu** – Diese Bambusmatte ist ein wichtiges Utensil, das zum Aufrollen von Sushi verwendet wird. Sie besteht aus Bambusstäbchen, die mit einer Schnur zusammengebunden sind, und hat fast die exakt gleiche Größe wie ein einzelnes Nori-Blatt. Dadurch wird das Rollen vereinfacht. Außerdem kannst du die Matte für das Nachformen von Tamagoyaki benutzen.

Für Ramen – Eine Ramen-Schüssel ist für jeden Fan ein Muss! Es gibt nämlich nicht viele vergleichbare Schüsseln. Sie sehen nicht nur schön aus, sondern müssen viel Inhalt aufnehmen können. Neben den Nudeln und Toppings nimmt die Brühe nämlich mehr Platz ein, als man denkt.

BASICS

基本レシピ

Alles beginnt mit den Grundlagen – so auch beim Kochen! Bevor ich tief in die Welt der japanischen Küche eintauchen konnte, habe ich mich zunächst mit kleinen Schritten an die eher simplen Rezepte gewagt. Was mache ich, wenn ich für ein Rezept Reis brauche, aber kein Reiskocher verfügbar ist? Wie wird eigentlich die klassische Misosuppe gemacht, die zu Hause so gut wie bei jedem Abendessen auf dem Tisch stand? Und die dazu benötigte Dashi-Brühe, woraus besteht sie eigentlich?

Das alles ist definitiv kein Hexenwerk. Und für alle Sushi-Fans erkläre ich natürlich auch, wie man Sushi-Reis am besten zubereitet und würzt!

鍋炊きご飯

Nabetaki Gohan

REIS IM TOPF KOCHEN

Zubereitungszeit: 30 Minuten
Ruhezeit: 30 Minuten
Für 3 Portionen

---

300 g ungekochter japanischer Rundkornreis oder Sushi-Reis, alternativ Milchreis

1 ___ Zunächst den Reis in einen Topf geben und zwei- bis dreimal waschen, sodass das Wasser etwas klarer wird. Dann den Topf wieder mit Wasser auffüllen und den Reis 30–60 Minuten ruhen lassen. So nimmt der Reis das Wasser für die perfekte Konsistenz auf.

2 ___ Dann abgießen und 400 ml frisches Wasser in den Topf geben. Hierbei gilt die Regel: Für jeweils 150 g ungekochten Reis nimmt man 200 ml Wasser. Bei hoher Hitze aufkochen lassen, dann kurz und gründlich umrühren, damit der Reis nicht am Boden ansetzt. Auf schwache Hitze stellen und den Deckel auf den Topf legen.

3 ___ Den Reis 15 Minuten köcheln lassen. Vom Herd nehmen und im geschlossenen Topf noch 10 Minuten ruhen lassen. Im gesamten Prozess darauf achten, den Deckel nicht zu öffnen!

4 ___ Nach Ablauf der 10 Minuten kann der Deckel abgenommen werden. Zum Schluss muss der Reis noch aufgelockert werden. Dafür einige Male vorsichtig von unten nach oben durchheben. Nicht zu oft oder zu stark, ansonsten können die Reiskörner zerdrückt und der Reis weich werden.

Dieses Rezept ist für Rundkornreis gedacht, bei Verwendung anderer Reissorten kann das Ergebnis leicht variieren. In gekochtem Zustand verdoppelt sich das Gewicht von Reis. Werden also z. B. für ein Rezept 900 g gekochter Reis benötigt, reichen 450 g Reis in ungekochtem Zustand aus.

Nicht jeder hat einen Reiskocher. So kochst du perfekten Reis im Topf!

合わせだし

Awase Dashi

BRÜHE AUS BONITOFLOCKEN UND KOMBU-ALGEN

Zubereitungszeit: 30 Minuten
Ruhezeit: 30 Minuten
Für 4 Portionen / 850 ml

10 g getrocknete Kombu-Algen

15 g Katsuobushi (Bonitoflocken)

1 ___ Den Kombu leicht mit einem feuchten Tuch abtupfen, dabei aber nicht die weißen, pudrigen Stellen wegwischen. Nicht mit Wasser abspülen.

2 ___ Nun 1 l Wasser in einen Topf geben und den Kombu dazugeben. Im kalten Wasser mindestens 30 Minuten ruhen lassen.

3 ___ Jetzt auf schwache Hitze schalten und warten, bis kleine Bläschen aufsteigen. Das dauert ca. 10 Minuten. Danach den Kombu aus dem Topf herausnehmen.

4 ___ Sofort das Katsuobushi dazugeben und dann die Hitze ausschalten. Die Brühe 10 Minuten ziehen lassen, bis die Bonitoflocken von selbst nach unten sinken. Die Bonitoflocken so wenig wie möglich anfassen und nicht verrühren. Schaum von der Oberfläche entfernen, falls nötig.

5 ___ Ein Sieb mit Küchenpapier auslegen und die Brühe durch das Sieb in ein geeignetes Gefäß gießen. Das Awase Dashi kann jetzt weiterverwendet oder für einige Tage im Kühlschrank gelagert werden.

Awase Dashi ist unter den vielen Dashi-Arten die beliebteste und auch mein Favorit. Diese Dashi-Brühe kannst du für viele Rezepte hier im Buch verwenden! Ersetze dafür einfach die im jeweiligen Rezept angegebene Wassermenge durch diese Brühe und lass das Dashi-Pulver weg.

味
噌
汁

Miso Shiru

KLASSISCHE MISOSUPPE

Zubereitungszeit: 15 Minuten
Für 4 Portionen

300 g Seidentofu (Abtropfgewicht), alternativ Tofu Natur

nach Belieben Frühlingszwiebeln

4 TL Dashi-Pulver

1 ½ EL getrocknete Wakame-Algen

3 ½ EL Misopaste (hell)

1 ___ Zunächst den Tofu würfeln, Frühlingszwiebeln waschen und schräg in Ringe schneiden.

2 ___ In einem Topf 950 ml Wasser mit dem Dashi-Pulver erwärmen und köcheln lassen.

3 ___ Tofuwürfel, getrocknete Wakame-Algen und Frühlingszwiebeln dazugeben und die Kochstelle ausschalten, aber den Topf auf dem Herd lassen.

4 ___ Jetzt mit einem großen Sieb oder einer Kelle die Misopaste in die Suppe einrühren. Wird eine Kelle verwendet, zuerst etwas von der Flüssigkeit in die Kelle geben und die Misopaste darin auflösen.

5 ___ Die Intensität kann je nach Misopaste variieren. Nach dem Einrühren sollte die Suppe deshalb probiert werden. Je nach Geschmack und Präferenz kann dann optional mehr Misopaste dazugegeben werden.

6 ___ Sobald alles gut verrührt und aufgelöst ist, kann die Suppe auf Schalen verteilt und serviert werden.

Misosuppe wird üblicherweise ohne Löffel gegessen – dafür führst du die Schale mit der Hand zum Mund und trinkst die Suppe direkt aus der Schale, dabei darfst du auch schlürfen. Die festen Bestandteile greifst du mit Essstäbchen. Du kannst aber natürlich auch einen Löffel verwenden!

Du kannst auch eine selbst gemachte Dashi-Brühe (siehe Rezept S. 26) verwenden! Dann benötigst du kein Dashi-Pulver.

すし飯

Sushi Meshi

GEWÜRZTER REIS FÜR SUSHI

Zubereitungszeit: 60 Minuten
Für 3 Portionen

600 g gekochter japanischer Rundkornreis oder Sushi-Reis (siehe Rezept S. 24)

4 EL Reisessig

2 EL Zucker

1 TL Salz

1 ___ Den Reis im Topf oder im Reiskocher kochen.

2 ___ Reisessig, Zucker und Salz in einer Schüssel miteinander vermengen, bis sich der Zucker auflöst. Alternativ kurz in die Mikrowelle geben oder in einem Topf erwärmen, damit der Zucker sich schneller und einfacher auflöst.

3 ___ Den frisch gekochten Reis in einen mit Wasser befeuchteten Hangiri oder eine große Schüssel umfüllen und die Reisessigmischung dazugeben. Mit schneidenden Bewegungen vorsichtig unterheben, bis der Reis gleichmäßig gewürzt ist. Darauf achten, die Reiskörner nicht zu zerdrücken.

4 ___ Den Reis auf Zimmertemperatur abkühlen lassen. Optional mit Fächern frische Luft auf den Reis wedeln, um den Prozess zu beschleunigen. Den Reis mit einem feuchten Tuch abdecken, bis er für Sushi weiterverwendet wird.

Ein Hangiri aus Holz mit einem Holzlöffel (Shamoji) wird gerne für Sushi-Reis verwendet, da er dem Reis die restliche Feuchtigkeit entzieht, sodass die Reiskörner schnell abkühlen und nicht zu weich werden. Alternativ kannst du eine große Schüssel nehmen, es sollte aber keine Metallschüssel sein, die mit dem Essig reagieren kann.

小さなおかず

KLEINE BEILAGEN

Was ich an der japanischen Esskultur so liebe, ist der Fakt, dass so gut wie nie nur ein Gericht auf einem Teller serviert wird. Meistens findest du noch andere spannende Beilagen vor, die das Essen zu einer wunderbaren Erfahrung machen. Du hast bereits ein großartiges Hauptgericht, aber die passende Begleitung fehlt noch? Keine Sorge! Diese simplen Rezepte können dein nächstes Essen auf eine andere Stufe bringen! Aber keiner verbietet dir, die Beilagen auch einfach so zu essen. Lecker sind sie allemal!

Übrigens: Einige dieser Rezepte sind auch super für deine Lunchbox geeignet, falls du ein Fan davon sein solltest!

人参のきんぴら

Ninjin no Kinpira

GEBRATENE KAROTTEN MIT SESAM

Zubereitungszeit: 15 Minuten
Für 2 Portionen

150 g Karotten (ca. 2 Stück)

Öl zum Anbraten

2 EL Sojasauce

2 EL Mirin

2 EL Sake, alternativ Weißwein

1 TL Zucker

1 EL weißer Sesam

1 ___ Die Karotten schälen und in dünne Streifen schneiden. In einer Pfanne mit etwas Öl bei mittlerer Hitze 1–2 Minuten anbraten. Mit Sojasauce, Mirin, Sake und Zucker würzen. Verrühren und weitergaren, bis die Flüssigkeit fast verdampft ist.

2 ___ Die Karotten mit Sesam bestreuen und servieren.

Diese Karotten sind schnell und einfach gemacht. Fehlt in meinem Menü mal eine kleine Beilage, so ist dieses Rezept für mich oft ein Lebensretter!

ほうれん草の胡麻和え

Hourensou no Gomaae

SPINATSALAT MIT SESAM

Zubereitungszeit: 15 Minuten
Für 2 Portionen

200 g frischer Spinat

4 EL weißer Sesam

1 EL Sojasauce

2 TL Mirin

1 TL Zucker

½ TL Dashi-Pulver

1 ___ Eine Schüssel mit eiskaltem Wasser vorbereiten. Den Spinat waschen und putzen. In einem Topf Wasser zum Kochen bringen. Den Spinat darin 1 Minute garen, dann im eiskalten Wasser gut abschrecken. Mit der Hand die Flüssigkeit aus dem Spinat drücken. In 3–4 cm lange Stücke schneiden.

2 ___ Den Sesam in einer Pfanne ohne Öl anrösten, dann im Mörser zerstoßen, bis ⅔ der Körner zerkleinert sind. Jetzt Sojasauce, Mirin, Zucker und Dashi-Pulver hinzugeben und alles verrühren. Den Spinat damit vermengen und servieren.

Serviere diesen Salat als kleine Beilage zu einem größeren Gericht, um eine ausgewogene Mahlzeit zu erhalten!

ポテトサラダ

Poteto Sarada

KARTOFFELSALAT

Zubereitungszeit: 20 Minuten
Kühlzeit: 30 Minuten
Für 4 Portionen

---

600 g festkochende Kartoffeln

80 g Karotten

2 Eier

100 g Gurke

4 Scheiben Kochschinken

6 EL (japanische) Mayonnaise

2 TL Reisessig

Salz und Pfeffer

1 ___ Kartoffeln und Karotten schälen. Die Kartoffeln in grobe Stücke schneiden und in einem Topf mit leicht gesalzenem Wasser ca. 15 Minuten kochen, bis sie komplett durchgegart sind.

2 ___ Die Karotten in dünne Scheiben schneiden und in eine Schüssel legen. Mit Deckel oder Frischhaltefolie verschließen und bei 600 W für 1 Minute in die Mikrowelle geben. Alternativ in einem Topf mit Wasser kochen, bis sie weich sind.

3 ___ Währenddessen die Eier 10 Minuten in kochendem Wasser garen, mit kaltem Wasser abschrecken und schälen. Die Gurke in hauchdünne Scheiben und die Eier in kleine Würfel schneiden. Den Schinken in feine Streifen schneiden.

4 ___ Die fertig gegarten Kartoffeln abgießen und direkt mit einem Stampfer o. Ä. zerdrücken. Kurz abkühlen lassen. Die Kartoffeln mit Mayonnaise und Reisessig würzen. Mit Salz und Pfeffer abschmecken.

5 ___ Das Ganze mit Karotte, Gurke, Eiwürfeln und Schinken vermengen und den Salat mindestens 30 Minuten oder über Nacht im Kühlschrank ziehen lassen.

Die japanische Interpretation von Kartoffelsalat. Dafür werden die Kartoffeln zerdrückt und mit Mayonnaise vermischt, was den Salat extra cremig und besonders lecker macht. Probiere es gerne aus!

冷
奴

Hiyayakko

KALTER TOFU MIT SOJASAUCE

Zubereitungszeit: 10 Minuten
Für 2 Portionen

400 g Seidentofu (Abtropfgewicht)

10 g Ingwer

1 Frühlingszwiebel

optional Katsuobushi (Bonitoflocken)

Sojasauce

1 ___ Den Tofu aus der Packung nehmen und abtropfen lassen. Inzwischen den Ingwer schälen und reiben, die Frühlingszwiebel waschen und in feine Ringe schneiden. Den abgetropften Tofu in vier oder sechs kleine Blöcke schneiden. Mit Ingwer, Frühlingszwiebel und optional mit Bonitoflocken garnieren.

2 ___ Den Tofu vor dem Servieren mit Sojasauce beträufeln.

Für dieses Rezept solltest du unbedingt Seidentofu nehmen. Im Gegensatz zu festem Tofu hat er eine schöne cremige Konsistenz, was ihn ideal für diese Beilage macht.

揚げ出し豆腐

Agedashi Tofu

FRITTIERTER TOFU IN DASHI-BRÜHE

Zubereitungszeit: 25 Minuten
Für 2 Portionen

---

400 g Tofu Natur (Abtropfgewicht), alternativ Seidentofu

1 TL Dashi-Pulver

2 EL Sojasauce

2 EL Mirin

nach Belieben Ingwer

nach Belieben Daikon-Rettich

nach Belieben Frühlingszwiebeln

3 EL Weizenmehl, Type 405

3 EL Kartoffel- oder Speisestärke

Öl zum Frittieren

1 ___ Den Tofublock aus der Packung nehmen und mit drei Lagen Küchenpapier umwickeln. Ein Brett darauflegen und mit einem Buch oder o. Ä. beschweren. (Für eine schnellere Variante alternativ den Tofublock umwickelt mit dem Küchenpapier in der Mikrowelle bei 600 W 3 Minuten erhitzen.)

2 ___ Währenddessen 200 ml Wasser, Dashi-Pulver, Sojasauce und Mirin in einen Topf geben und aufkochen lassen. Auf niedrigster Hitze mit Deckel warm halten.

3 ___ Für die Toppings Ingwer und Daikon-Rettich schälen und reiben, die Frühlingszwiebeln waschen und in Ringe schneiden.

4 ___ Nach 15–20 Minuten den Tofu auswickeln und dann in 8 gleichmäßige Stücke schneiden. Mehl und Stärke in eine Schüssel geben und mischen. Die Tofustücke in der Mehlmischung wenden.

5 ___ Öl in eine Pfanne geben, sodass der gesamte Pfannenboden großzügig bedeckt ist. Bei mittlerer Hitze die Tofustücke von allen Seiten frittieren, bis sie goldbraun sind. Darauf achten, nicht zu viele Stücke auf einmal in die Pfanne zu geben, damit sie nicht zu voll wird.

6 ___ Die knusprigen Tofustücke in eine Schüssel geben und mit der Brühe übergießen. Mit Frühlingszwiebeln, Ingwer und Daikon-Rettich garnieren.

Wenn du hier Seidentofu verwendest, solltest du beim Panieren und Frittieren vorsichtig sein, da er weniger fest ist.

Da die frittierten Tofustücke mit Brühe übergossen werden, solltest du das Gericht danach direkt servieren und verzehren. So bleibt der Tofu schön knusprig, nimmt aber den intensiven Geschmack der Brühe gut auf.

きゅうりの酢の物

Kyuri no Sunomono

GURKENSALAT MIT THUNFISCH UND WAKAME-ALGEN

Zubereitungszeit: 10 Minuten
Für 2 Portionen

100 g Gurke

75 g Thunfisch (Konserve)

½ EL getrocknete Wakame-Algen

2 EL Reisessig

2 EL Sojasauce

1 EL Zucker

2 TL Sesamöl

1 ___ Die Gurke waschen und in dünne Scheiben schneiden. Den Thunfisch abtropfen lassen. Die getrockneten Wakame-Algen in einer Schüssel mit Wasser 5 Minuten einweichen lassen, dann abgießen und trocken tupfen.

2 ___ In eine Schüssel Reisessig, Sojasauce, Zucker und Sesamöl geben und verrühren, bis der Zucker aufgelöst ist. Gurke, Thunfisch und Wakame hinzugeben, alles gut vermengen und servieren.

Dieser erfrischende Salat eignet sich super als Beilage zu frittierten Gerichten wie z. B. Karaage (siehe Rezept S. 50) oder Korokke (siehe Rezept S. 56)!

卵焼き

Tamagoyaki

GESCHICHTETES OMELETT

Zubereitungszeit: 15 Minuten
Für 2 Portionen

- 3 Eier
- 1 TL Sojasauce
- 2 Prisen Salz
- 1 TL Zucker
- 1 EL (japanische) Mayonnaise
- optional Frühlingszwiebeln, in Ringe geschnitten
- Öl zum Braten

1 ___ Die Eier in eine Schüssel aufschlagen. Sojasauce, Salz, Zucker, Mayonnaise, 1 EL Wasser und optional noch Frühlingszwiebeln dazugeben. Gut umrühren, bis sich die Mayonnaise auflöst und einige Luftbläschen entstehen.

2 ___ Den Boden der Tamagoyaki-Pfanne dünn mit Öl bestreichen. Überschüssiges Öl mit Küchenpapier aufsaugen. Auf mittlere Hitze stellen und nur so viel von der Eimischung in die Pfanne gießen, bis der Boden vollständig bedeckt ist. Kurz warten, bis die Eimasse fest wird, aber nicht anbrennen lassen.

3 ___ Jetzt mit einem Spachtel o. Ä. die Eierschicht aufrollen und ans Ende der Pfanne drücken. Mit dem geölten Küchenpapier die freie Fläche erneut bestreichen und dann wieder eine hauchdünne Eierschicht eingießen. Dabei die feste Omelettrolle etwas anheben, um die noch rohe Eimasse darunterfließen zu lassen. Wieder warten, bis die Eimasse gestockt ist. An dem gerollten Omelett ansetzen und wieder bis zum Ende rollen. Den Vorgang wiederholen, bis die Eimasse aufgebraucht ist.

4 ___ Falls vorhanden, eine Bambusmatte auf die Arbeitsfläche legen und mit ihrer Hilfe das Tamagoyaki perfekt formen. Abkühlen lassen und in ca. 2 cm breite Stücke schneiden.

Solltest du keine viereckige Tamagoyaki-Pfanne besitzen, kannst du natürlich auch eine kleine, runde Pfanne benutzen! Für die charakteristische Form schneidest du am Ende einfach die Ränder des Omeletts ab, damit eine viereckige Form entsteht.

魚と肉

FISCH & FLEISCH

Die japanische Küche bietet eine große Vielfalt an Gerichten mit Fleisch und Fisch. Viele davon finden tagtäglich ihren Weg auf die Esstische vieler Familien. Einige von diesen Klassikern hast du bestimmt schon einmal in Restaurants gesehen, die japanische Hausmannskost anbieten, und vielleicht sogar bereits gekostet. Und jetzt kannst du sie dir auch selbst machen, ist das nicht wunderbar?

Bitte beachte: Ohne Reis geht nichts! Alle Gerichte in diesem Kapitel solltest du zusammen mit Reis servieren. Optimalerweise noch eine Misosuppe dazu; sie macht das ganze Geschmackserlebnis noch intensiver. So bekommst du eine leckere und ausgewogene Mahlzeit.

Zu einigen Gerichten empfehle ich, dünn geschnittenen Spitzkohl zu servieren. Besonders zu Fleischgerichten und Frittiertem ist das eine sehr beliebte Beilage. Kohl ist gesund, preisgünstig und optimal als kleine Salatbeilage für zwischendurch. Besser geht es nicht!

鶏のから揚げ

Tori no Karaage

FRITTIERTES HÄHNCHEN

Zubereitungszeit: 30 Minuten
Marinierzeit: 30 Minuten
Für 3 Portionen

300 g Hähnchenschenkel mit Haut, entbeint

2 EL Sojasauce

2 EL Mirin

2 EL Sake, alternativ Weißwein

10 g Ingwer, gerieben

3 Knoblauchzehen, gerieben

Salz und Pfeffer

4 EL Kartoffel- oder Speisestärke

Öl zum Frittieren

Zitronenspalten

(japanische) Mayonnaise

1 ___ Das Fleisch in gleichmäßige mundgerechte Stücke schneiden und in einen Gefrierbeutel geben.

2 ___ Für die Marinade Sojasauce, Mirin, Sake, geriebenen Ingwer und Knoblauch sowie Salz und Pfeffer nach Geschmack zu dem Hähnchen im Beutel geben. Den Beutel etwas massieren, damit sich die Marinade gut verteilt.

3 ___ Für mindestens 30 Minuten im Kühlschrank marinieren lassen.

4 ___ Die Hähnchenstücke mit Stärke gut bestäuben und dann in einem Topf mit reichlich Öl bei mittlerer Hitze je nach Größe ca. 5–8 Minuten frittieren, bis sie goldbraun sind.

5 ___ Mit Zitronenspalten und Mayonnaise servieren.

Achte beim Frittieren drauf, den Topf nicht mit zu vielen Stücken zu überfüllen. Ansonsten sinkt nämlich die Temperatur des Öls, was nicht ideal ist. Lass etwas Platz zwischen den Hähnchenstücken und sie werden perfekt knusprig und goldbraun!

餃子

Gyoza

GEFÜLLTE TEIGTASCHEN

Zubereitungszeit: 60 Minuten
Für 3 Portionen

200 g Spitzkohl, alternativ Weißkohl oder Chinakohl

Salz zum Bestreuen

5 g Knoblauch

5 g Ingwer

1 Frühlingszwiebel

200 g Hackfleisch (Schwein; alternativ Rind, gemischt oder veganes Hack)

1 ½ EL Sojasauce

1 ½ EL Sesamöl

1 ½ EL Sake, alternativ Weißwein

1 ½ EL Mirin

½ TL Pfeffer

½ TL Salz

25 Gyoza-Teigblätter, über Nacht im Kühlschrank aufgetaut

Kartoffel- oder Speisestärke zum Bestäuben

Öl zum Anbraten

1 TL Weizenmehl, Type 405

Sesamöl zum Beträufeln

FÜR DEN DIP

Sojasauce

Reisessig

japanisches La-Yu Chiliöl

1 ___ Für die Füllung den Kohl waschen, in feine Würfel schneiden und mit Salz bestreuen. 10 Minuten stehen lassen, dann das Wasser herauspressen.

2 ___ Knoblauch und Ingwer schälen und fein reiben, die Frühlingszwiebel waschen und klein hacken.

3 ___ Kohl, Knoblauch, Ingwer, Frühlingszwiebel und Hackfleisch in eine große Schüssel geben. Mit Sojasauce, Sesamöl, Sake, Mirin und Pfeffer würzen. Salz hinzugeben und alles gleichmäßig vermengen.

4 ___ Jeweils ein Teigblatt auf die Arbeitsfläche legen und ca. 1 TL Füllung in die Mitte geben.

5 ___ Die Finger mit Wasser befeuchten und den Rand der oberen Hälfte leicht anfeuchten. Jetzt mit jeweils beiden Daumen vorne und Zeigefingern hinten zusammenklappen. Dabei mit den Daumen die charakteristischen Falten formen.

6 ___ Die Teigränder fest verschließen und die Gyoza mit Stärke bestäuben, damit nichts klebt. Mit den restlichen Teigblättern wiederholen, bis die Füllung verbraucht ist.

7 ___ Die Gyoza nebeneinander in eine Pfanne mit etwas Öl legen und dann auf mittlere Hitze stellen. Inzwischen das Mehl mit 75 ml Wasser verrühren. Nach einigen Minuten wird die untere Seite der Gyoza goldbraun.

8 ___ Jetzt Mehlmischung in die Pfanne gießen und den Deckel auflegen. Nach 3–4 Minuten den Deckel abheben –

die meiste Flüssigkeit sollte dann verkocht sein. Etwas Sesamöl dazugeben und mit leichten Schwenkbewegungen in der Pfanne verteilen. Die Gyoza weiterbraten, bis die Kruste goldbraun wird, dann auf einen Teller geben.

9 ___ Zum Schluss für den Dip Reisessig und Sojasauce im Verhältnis 1:1 mit etwas Chiliöl vermengen. Die Gyoza mit Reis servieren.

Durch die Mehlmischung erhalten die Teigtaschen einen knusprigen Überzug. Du kannst das Mehl aber auch weglassen und in Schritt 8 nur Wasser verwenden.

Tiefgekühlte Teigblätter für Gyoza findest du im Asiamarkt. Lass sie ungeöffnet über Nacht im Kühlschrank auftauen.

照り焼きチキン

Teriyaki Chicken

GEBRATENES HÄHNCHEN MIT TERIYAKI-SAUCE

Zubereitungszeit: 20 Minuten
Für 2 Portionen

2 Hähnchenschenkel mit Haut (jeweils ca. 200 g), entbeint

Salz

Kartoffel- oder Speisestärke

Öl zum Anbraten

FÜR DIE SAUCE

2 EL Sojasauce

2 EL Mirin

2 EL Sake, alternativ Weißwein

1 EL Zucker

1 ___ Das Fleisch auf beiden Seiten gut salzen und anschließend mit Stärke bestäuben.

2 ___ Für die Teriyaki-Sauce Sojasauce, Mirin, Sake und Zucker verrühren.

3 ___ In eine Pfanne etwas Öl geben und auf mittlere Hitze stellen. Das Hähnchenfleisch mit der Hautseite nach unten hineinlegen. Ca. 5 Minuten anbraten, bis es goldbraun ist, dann umdrehen und weitere ca. 2 Minuten braten.

4 ___ Jetzt die Sauce in die Pfanne gießen und das Hähnchen mit einer Zange o. Ä. darin wenden, damit es die Sauce aufnehmen kann. Köcheln lassen und dabei das Hähnchen kreisend in der Pfanne bewegen, bis die Sauce leicht dickflüssig wird.

5 ___ Das Hähnchen aus der Pfanne nehmen und in Streifen schneiden. Auf einen Teller geben und mit der restlichen Sauce aus der Pfanne beträufeln. Mit Reis und Salat servieren.

Teriyaki-Sauce passt zu vielen Gerichten, nicht nur zu gebratenem Fleisch. Du kannst ganz einfach die Zutaten in einer Pfanne unter Rühren erhitzen, bis die Sauce leicht dickflüssig wird. Fertig ist deine selbst gemachte Teriyaki-Sauce!

コロッケ

Korokke

KROKETTEN

Zubereitungszeit: 50 Minuten
Für 2 Portionen

---

300 g mehligkochende Kartoffeln

80 g Zwiebeln

Öl zum Anbraten und Frittieren

100 g Hackfleisch (gemischt), alternativ Rind, Schwein oder veganes Hack

2 Prisen Pfeffer

1 Prise gemahlene Muskatnuss

2 Prisen Salz

10 g Butter

ca. 3 EL Weizenmehl, Type 405

1 Ei

ca. 6 EL Panko

Tonkatsu-Sauce

optional Spitzkohl oder Weißkohl, dünn geschnitten

optional Tomaten und gekochter Brokkoli

1 ___ Die Kartoffeln schälen und in grobe Stücke schneiden. In einem Topf mit leicht gesalzenem Wasser 15 Minuten kochen, bis sie durchgegart sind.

2 ___ Währenddessen die Zwiebeln schälen und klein würfeln und in einer Pfanne mit etwas Öl bei mittlerer Hitze anbraten, bis sie weich sind. Das Hackfleisch hinzugeben und gut verrühren. Mit Pfeffer und Muskatnuss würzen und mit Salz verfeinern.

3 ___ Die Kartoffeln abgießen und mit einem Stampfer o. Ä. zerdrücken. Die Butter und die Hackfleischmischung hinzugeben. Gut vermischen und kurz abkühlen lassen.

4 ___ Die Masse in vier Portionen teilen, jeweils mit der Hand zu einer Kugel formen und fest zusammendrücken. Zum Panieren Mehl, verquirltes Ei und Panko jeweils in eine Schüssel geben. Die Korokke zuerst in Mehl wenden, dann in das verquirlte Ei tauchen und schließlich mit Panko panieren, sodass sie rundum damit bedeckt sind.

5 ___ Reichlich Öl in einen Topf oder eine Pfanne gießen und auf mittlere Hitze erwärmen. Die Kroketten 4–5 Minuten frittieren, bis sie rundherum goldbraun sind. Auf Küchenpapier abtropfen lassen. Mit Tonkatsu-Sauce servieren. Dazu passen fein geschnittener Kohl, Tomaten und Brokkoli.

Achte darauf, die Korokke vor dem Panieren schön fest zu formen. So zerfallen sie beim Frittieren nicht.

肉じゃが

Nikujaga

FLEISCH- UND KARTOFFELEINTOPF

Zubereitungszeit: 35 Minuten
Für 2 Portionen

---

200 g Schweinebauch oder Rindfleisch, dünn geschnitten

300 g festkochende Kartoffeln

70 g Karotten

80 g Zwiebeln

Öl zum Anbraten

3 EL Sojasauce

2 EL Mirin

2 EL Sake

2 TL Dashi-Pulver

1 EL Zucker

nach Belieben Frühlingszwiebeln, in Ringe geschnitten

1 ___ Das Fleisch in mundgerechte Stücke schneiden. Kartoffeln und Karotten schälen und in grobe, mundgerechte Stücke schneiden, Zwiebeln schälen und in Streifen schneiden.

2 ___ In einem großen Topf mit etwas Öl zunächst das Fleisch anbraten, bis es durchgegart ist. Nun das Gemüse hinzugeben und 1–2 Minuten mitbraten.

3 ___ Mit 200 ml Wasser, Sojasauce, Mirin und Sake ablöschen. Dashi-Pulver und Zucker unterrühren. Aufkochen lassen und ggf. Schaum an der Oberfläche mit einem kleinen Sieb abschöpfen. Das Ganze bei schwacher Hitze mit Deckel 15–20 Minuten köcheln lassen, bis das Gemüse durchgegart ist.

4 ___ Auf Schalen verteilen, mit Frühlingszwiebeln garnieren und servieren.

Gemüse und Fleisch solltest du in möglichst gleich große Stücke schneiden, damit am Ende alle Komponenten gleichmäßig durchgegart sind.

豚の角煮

Buta no Kakuni

GESCHMORTER SCHWEINEBAUCH

Zubereitungszeit: 1 Std. 45 Min.
Für 2 Portionen

---

500 g Schweinebauch

25 g Ingwer

2 Frühlingszwiebeln

4 EL Sojasauce

4 EL Mirin

4 EL Sake

3 EL Zucker

optional 2 Eier, gekocht, geschält und halbiert

1 ___ Den Schweinebauch in 3–5 cm große Würfel schneiden. Den Ingwer schälen und in grobe Stücke schneiden. Die Frühlingszwiebeln waschen, den weißen Teil abschneiden und halbieren, den grünen Teil schräg in Ringe schneiden.

2 ___ Das Fleisch in einer Pfanne ohne Öl bei mittlerer Hitze anbraten. Die Würfel sollen von allen Seiten goldbraun werden. Mit Küchenpapier überschüssiges Fett abtupfen.

3 ___ Die Fleischwürfel in einen Topf geben, die Hälfte des Ingwers und den weißen Teil der Frühlingszwiebeln dazugeben. So viel Wasser angießen, dass das Fleisch großzügig bedeckt ist (aber mindestens 1 Liter). Bei hoher Hitze aufkochen und bei schwacher Hitze 1 ½ Stunden langsam köcheln lassen. Regelmäßig Wasser nachfüllen, damit das Fleisch bedeckt bleibt.

4 ___ Die Brühe in eine Schüssel abgießen und die Fleischwürfel zusammen mit dem restlichen Ingwer in einen sauberen Topf geben. Das Fett von der Brühe abschöpfen und 500 ml Brühe, Sojasauce, Mirin, Sake und Zucker zum Fleisch geben und aufkochen. Das Gericht noch 1 Stunde bei schwacher Hitze köcheln lassen und gelegentlich umrühren, bis das Fleisch schön glänzt. In den letzten 15 Minuten optional die Eier dazugeben und in der Brühe ziehen lassen.

5 ___ Das Fleisch und die Eier auf Teller verteilen, mit Frühlingszwiebelgrün garnieren und servieren.

Anstelle von gekochten Eiern kannst du am Ende auch Ramen-Eier (siehe Rezept S. 106) verwenden!

Die Brühe dient zum Garen und verleiht dem Gericht intensiven Geschmack. Träufle etwas Brühe über Fleisch und Eier oder gieße eine kleine Menge auf den Tellerboden. Die restliche Brühe kannst du als Sauce für das Fleisch, Reis oder andere Gerichte wie Gemüsepfannen verwenden.

とんかつ

Tonkatsu

SCHNITZEL

Zubereitungszeit: 20 Minuten
Für 2 Portionen

---

2 Schweineschnitzel

Salz und Pfeffer

ca. 3 EL Weizenmehl, Type 405

1 Ei

ca. 6 EL Panko

Öl zum Frittieren

Tonkatsu-Sauce

Zitronenspalten

optional Spitzkohl oder Weißkohl, dünn geschnitten

optional Tomaten

1 ___ Die Schweineschnitzel mit der Rückseite eines Messers oder einem Fleischklopfer flach klopfen. Beide Seiten mit Salz und Pfeffer bestreuen.

2 ___ Mehl, verquirltes Ei und Panko jeweils in eine Schüssel geben. Das Fleisch von beiden Seiten zunächst in dem Mehl wenden, dann in das Ei tauchen und schließlich mit Panko gründlich panieren.

3 ___ Reichlich Öl in eine Pfanne geben und auf mittlere Hitze stellen. Die Schnitzel von beiden Seiten jeweils 3–4 Minuten braten, bis sie außen goldbraun und knusprig sind. Zum Abtropfen auf Küchenpapier legen. In 2 cm breite Stücke schneiden und auf Teller verteilen.

4 ___ Die Schnitzel mit Tonkatsu-Sauce beträufeln und mit einer Zitronenspalte servieren. Dazu schmecken Kohlstreifen und Tomaten.

Falls etwas übrig bleibt, kannst du die panierten, ungegarten Schnitzel in Frischhaltefolie wickeln und im Gefrierfach lagern, um sie dann bei nächster Gelegenheit frisch zu frittieren. Die Schnitzel passen auch super zu Katsudon (siehe Rezept S. 84) oder Kare Raisu (siehe Rezept S. 92).

ハンバーグ

Hambagu

FRIKADELLEN

Zubereitungszeit: 40 Minuten
Für 2 Portionen

---

90 g Zwiebeln

4 EL Panko

4 EL Milch

Öl zum Anbraten

300 g Hackfleisch (gemischt), alternativ Rind, Schwein oder veganes Hack

½ Ei

2 Prisen Pfeffer

2 Prisen gemahlene Muskatnuss

½ TL Salz

4 EL Rotwein, alternativ Wasser

1 EL Sake

3 EL Sojasauce

3 EL Ketchup

10 g Butter

optional 1 ½ EL Tonkatsu-Sauce

optional Spitzkohl oder Weißkohl, dünn geschnitten

optional Tomaten und gekochter Brokkoli

1 ___ Die Zwiebel schälen und fein hacken. Panko in eine Schüssel geben und mit der Milch gut vermischen. Die Zwiebel in einer Pfanne mit etwas Öl bei mittlerer Hitze kurz anbraten, bis sie weich ist. Abkühlen lassen.

2 ___ Das Hackfleisch, die angebratene Zwiebel und das Ei in die Schüssel zu dem eingeweichten Panko geben. Mit Pfeffer und Muskatnuss würzen, Salz hinzugeben und alles gut vermischen. Die Masse halbieren und mit den Händen zwei Frikadellen formen. Jeweils in die Mitte der Frikadelle mit dem Daumen eine kleine Delle drücken, damit das Fleisch gleichmäßig gegart wird.

3 ___ In einer Pfanne bei mittlerer Hitze die Frikadellen in etwas Öl auf beiden Seiten jeweils 3 Minuten anbraten, bis sie braun sind. Dann auf schwache Hitze umstellen, den Rotwein hinzugeben, einen Deckel auflegen und die Frikadellen noch 5 Minuten weitergaren.

4 ___ Sobald die meiste Flüssigkeit verdampft ist, die Frikadellen aus der Pfanne nehmen und auf Teller verteilen. In dieselbe Pfanne Sake, Sojasauce, Ketchup, Butter und optional Tonkatsu-Sauce geben. Bei mittlerer Hitze unter regelmäßigem Rühren köcheln lassen, bis eine dickflüssige Sauce entsteht.

5 ___ Die Frikadellen mit der Sauce übergießen. Dazu schmecken Kohlstreifen, Tomaten und Brokkoli.

Auch der japanische Kartoffelsalat (siehe Rezept S. 38) passt super zum Hambagu!

豚の生姜焼き

Buta no Shougayaki

SCHWEINEFLEISCH IN INGWERSAUCE

Zubereitungszeit: 20 Minuten
Für 2 Portionen

300 g Schweinefleisch, dünn geschnitten

Salz und Pfeffer

Kartoffel- oder Speisestärke zum Bestäuben

20 g Ingwer

3 EL Sojasauce

3 EL Mirin

3 EL Sake

1 ½ TL Zucker

Öl zum Anbraten

Spitzkohl oder Weißkohl, dünn geschnitten, zum Servieren

1 ___ Das Fleisch in mundgerechte Stücke schneiden. Von allen Seiten mit etwas Salz und Pfeffer bedecken und leicht mit Stärke bestäuben. Den Ingwer schälen und reiben.

2 ___ Für die Sauce in einer kleinen Schüssel den geriebenen Ingwer mit Sojasauce, Mirin, Sake und Zucker gut vermischen.

3 ___ In einer Pfanne mit etwas Öl das Fleisch bei mittlerer Hitze auf beiden Seiten anbraten, bis es durchgegart ist. Jetzt die Sauce hinzugeben, kurz aufkochen und vermengen.

4 ___ Sobald die Sauce gut verteilt und der Alkohol verflogen ist, das Fleisch auf Teller verteilen. Mit fein geschnittenem Kohl servieren und optional noch etwas frisch geriebenen Ingwer dazugeben.

Dünn geschnittenes Schweinefleisch wie in Japan ist hier nur schwer zu bekommen. Am besten kaufst du einfach Minutensteaks, klopfst sie dann zu Hause dünn und schneidest sie zurecht.

焼き鳥

Yakitori

HÄHNCHENSPIESSE

Zubereitungszeit: 35 Minuten
Für 6 Yakitori-Spieße

300 g Hähnchenschenkel ohne Haut, entbeint, alternativ Brustfilet

2 Frühlingszwiebeln

4 EL Sojasauce

4 EL Mirin

3 EL Sake

1 ½ EL Zucker

Öl zum Anbraten

1 ___ Holzspieße in kaltem Wasser einweichen. Das Hähnchenfleisch in insgesamt 18 mundgerechte Stücke schneiden. Die Frühlingszwiebeln waschen, den unteren, etwas dickeren Teil in 3 cm lange Stücke schneiden.

2 ___ In einer Schüssel Sojasauce, Mirin, Sake und Zucker für die Yakitori-Sauce vermischen. Zur Seite stellen.

3 ___ Jetzt aufspießen: Zunächst 1 Stück Hähnchenfleisch, dann 1 Stück Frühlingszwiebel. Dabei die Frühlingszwiebeln waagerecht aufspießen.

4 ___ Wiederholen und zum Schluss das letzte Stück Fleisch aufspießen. So erhält man jeweils 3 Stücke Fleisch und 2 Stücke Frühlingszwiebeln auf einem Spieß.

5 ___ In einer Pfanne mit etwas Öl bei mittlerer Hitze die Spieße von beiden Seiten goldbraun anbraten. Die Sauce dazugeben und aufkochen lassen. Die Spieße einmal wenden und mit einem Löffel oder Pinsel mit der Sauce überziehen. Köcheln lassen, bis die Sauce leicht dickflüssig ist.

6 ___ Die Spieße auf Teller verteilen, mit restlicher Sauce beträufeln und servieren.

Möchtest du etwas Abwechslung, kannst du statt Frühlingszwiebeln auch anderes Gemüse wie Zucchini oder Zwiebeln benutzen. Für eine einfache Variante kannst du die Sauce weglassen und die Spieße nur mit Salz verfeinern.

味噌サーモン

Miso Lachs

LACHS MIT MISO-MARINADE

Zubereitungszeit: 25 Minuten
Marinierzeit: 60 Minuten
Für 2 Portionen

1 ½ EL Misopaste (hell)

2 TL Sojasauce

2 TL Mirin

2 TL Sake

1 TL Sesamöl

2 Lachsfilets

nach Belieben Frühlingszwiebeln, in Ringe geschnitten

optional Tomaten und gekochter Brokkoli zum Servieren

1 ___ In einer Schüssel die Misopaste mit Sojasauce, Mirin, Sake und Sesamöl verrühren, bis eine einheitliche Marinade entsteht.

2 ___ Die Lachsfilets dazugeben und gut in der Marinade wenden und damit einreiben. Mit einem Deckel oder Frischhaltefolie verschlossen genau 1 Stunde im Kühlschrank ziehen lassen.

3 ___ Den Backofen auf 200 °C Ober-/Unterhitze vorheizen. Ein Backblech mit Backpapier auslegen. Die Lachsfilets aus dem Kühlschrank nehmen und überschüssige Marinade gründlich entfernen. Auf das vorbereitete Blech legen und im Ofen ca. 12 Minuten garen, bis der Lachs durchgegart ist. Auf Teller verteilen und mit Frühlingszwiebeln garnieren. Optional mit Tomaten und Brokkoli servieren.

Den Fisch solltest du in der Miso-Marinade nicht länger als 1 Stunde ziehen lassen, da er sonst zu salzig wird!

天
ぷ
ら

Tempura

FRITTIEREN NACH JAPANISCHER ART

Zubereitungszeit: 60 Minuten
Für 2 Portionen

TEMPURA-TEIG

90 g Weizenmehl, Type 405

3 EL (japanische) Mayonnaise

TEMPURA-DIP TENTSUYU

1 ½ TL Dashi-Pulver

3 EL Sojasauce

1 ½ EL Mirin

1 ½ TL Zucker

MEERESFRÜCHTE & GEMÜSE NACH WAHL (PRO PORTION INSGESAMT CA. 400 G)

Garnelen

Champignons

Auberginen

Lotuswurzel

Süßkartoffeln

Karotten

Paprika

Okraschoten

Spargel

... und vieles mehr!

Für Tempura kann fast jede Sorte Gemüse, Fleisch und Meeresfrüchte frittiert und genossen werden. Nimm einfach, was du am liebsten magst!

1 ___ In eine große Schüssel Mehl, Mayonnaise und 160 ml kaltes (!) Wasser geben. Ca. 10–15 Sekunden verrühren. Der Teig darf ruhig kleine Klümpchen enthalten. In den Kühlschrank stellen.

2 ___ Für den Tempura-Dip 150 ml Wasser, Dashi-Pulver, Sojasauce, Mirin und Zucker in eine Schüssel geben und verrühren. Entweder in einem Topf kurz köcheln lassen oder in der Mikrowelle 1 Minute bei 600 W erhitzen, sodass der Zucker sich auflöst und der Alkohol verfliegt.

3 ___ Gemüse und Meeresfrüchte für das Tempura vorbereiten. Das Gemüse waschen und schälen, falls nötig. Gemüse wie Pilze und Okraschoten ganz lassen. Auberginen, Lotuswurzel, Süßkartoffeln, Karotten und Paprika in dicke Scheiben schneiden.

4 ___ Die Garnelen waschen, die Schale außer am Schwanz entfernen, den Darm herausziehen. Die Garnelen auf der Bauchseite vier- bis fünfmal quer einschneiden. Mit einem scharfen Messer einen kleinen Teil des Schwanzes am Ende abschneiden und den darin enthaltenen Schmutz und die Flüssigkeit mit dem Messer leicht herausdrücken.

5 ___ Den Teig aus dem Kühlschrank holen. Einen großen Topf mit reichlich Öl auf mittlere Temperatur (ca. 160–180 °C) erhitzen. Nacheinander die Zutaten in den Teig tauchen, dann vorsichtig in das Öl gleiten lassen und 2–3 Minuten frittieren, bis der Teig goldbraun und voller kleiner Bläschen ist. Auf einem mit Küchenpapier ausgelegten Teller abtropfen lassen.

SONSTIGES

Öl zum Frittieren, z. B. Pflanzen- oder Sonnenblumenöl

nach Belieben Schnittlauch, gehackt

nach Belieben Daikon-Rettich, gerieben

nach Belieben Ingwer, gerieben

6 ___ Den Topf nicht überfüllen, damit die Temperatur konstant bleibt. Zwischendurch mit einem Sieb übrig gebliebene Teigkrümel aus dem Öl entfernen. Wer es besonders knusprig mag, kann beim Frittieren mit einem kleinen Löffel zusätzlich etwas Teig auf das Tempura geben.

7 ___ Die fertigen Tempura sofort mit dem Tentsuyu-Dip, Schnittlauch, geriebenem Daikon-Rettich und Ingwer servieren.

ご飯もの

REIS-GERICHTE

Vielleicht kennst du das: Du überlegst, was du heute essen möchtest, und dir fällt gar nichts ein. Das kenne ich nur zu gut. Für mich war eine Sache aber immer klar: irgendetwas mit Reis. Denn die wohl wichtigste Zutat in Japan enttäuscht nie. Egal ob Sushi, Onigiri, leckere Bowls oder andere Reisgerichte, Reisfans aufgepasst: Hier findest du eine Sammlung von leckeren Rezepten, bei denen der Reis mindestens so wichtig ist wie die anderen Komponenten!

Reis am Morgen, Mittag und Abend. Egal ob zum Hauptgericht, als Snack oder Begleitung zu einer Sauce. Er ist wohl die größte Liebe vieler Feinschmecker in Japan.

おにぎり

Onigiri

REISBÄLLCHEN MIT DREI FÜLLUNGEN

Zubereitungszeit: 40 Minuten
Für 9 Stück

900 g gekochter japanischer Rundkornreis oder Sushi-Reis (siehe Rezept S. 24)

Salz

3 Nori-Blätter

LACHSFÜLLUNG

80 g Lachs

Öl zum Braten

1 EL Sojasauce

1 EL Mirin

1 EL Sake, alternativ Weißwein

THUNFISCHFÜLLUNG

60 g Thunfisch (Konserve), Abtropfgewicht

1 EL (japanische) Mayonnaise

½ TL Sojasauce

UMEBOSHI-FÜLLUNG

3 Umeboshi (japanische Salz-Pflaumen)

1 ___ Den Reis 5–10 Minuten abkühlen lassen, sodass er mit der Hand gehalten werden kann.

2 ___ Für die Füllungen: Den Lachs in einer Pfanne mit etwas Öl bei mittlerer Hitze mit der Hautseite nach unten anbraten. Sobald die untere Seite goldbraun wird, einmal umdrehen. Wenn der Lachs fast durchgegart ist, mit Stäbchen oder Gabel gründlich zerkleinern. Sojasauce, Mirin und Sake in die Pfanne geben. Kochen lassen, bis alles komplett reduziert ist. Dabei gelegentlich rühren, damit nichts anbrennt.

3 ___ Den Thunfisch mit Mayonnaise und Sojasauce vermischen.

4 ___ Die Umeboshi entkernen und je nach Präferenz ganz lassen oder klein schneiden.

5 ___ Den gekochten Reis aufteilen (ca. 100 g gekochter Reis pro Onigiri). Wasser mit etwas Salz vermischen. Die Hände mit dem Wasser leicht anfeuchten. Die Hälfte einer Portion Reis auf der Handfläche verteilen und in die Mitte die Füllung platzieren.

6 ___ Die zweite Hälfte der Reisportion daraufgeben und zunächst eine Kugel formen. Jetzt mit den Händen ein Dreieck formen, indem du die Reisbällchen einige Male umdrehst und sie dabei jedes Mal leicht zusammendrückst.

7 ___ Die Nori-Blätter mit einer Schere in neun lange Rechtecke schneiden. Zum Schluss die Reisbällchen damit ummanteln. Optional jedes Bällchen mit der restlichen Füllung garnieren.

76 ___ 77

Für eine weitere Variante kannst du vor dem Formen der Bällchen die Füllung mit dem Reis gut vermengen. So sieht man schon von außen, um welche Sorte Onigiri es sich handelt.

巻き寿司

Maki Sushi

HOSOMAKI UND FUTOMAKI

Zubereitungszeit: 25 Minuten
Für 4 Portionen

ESSIGWASSER

2 EL Reisessig

HOSOMAKI (DÜNNE SUSHI-ROLLEN MIT EINER SORTE FÜLLUNG)

1 kleine Gurke

50 g roher Thunfisch, Sushi-Qualität

50 g roher Lachs, Sushi-Qualität

3 Nori-Blätter

500 g gekochter und gewürzter Sushi-Reis (siehe Rezept S. 30)

FUTOMAKI (DICKE SUSHI-ROLLEN MIT MEHREREN FÜLLUNGEN)

1 kleine Gurke

75 g Takuan (eingelegter Rettich)

75 g roher Thunfisch, Sushi-Qualität

75 g roher Lachs, Sushi-Qualität

3 Nori-Blätter

600 g gekochter und gewürzter Sushi-Reis (siehe Rezept S. 30)

ZUM SERVIEREN

Sojasauce

Sushi-Ingwer

Wasabi

1 ___ Für das Essigwasser den Reisessig mit 200 ml Wasser vermischen.

2 ___ Die Füllungen in 18 cm lange und ca. 1 cm dicke Streifen schneiden: Die Gurke waschen, trocknen und dann vierteln, dabei die Kerne mit dem Messer entfernen. Den eingelegten Rettich, Thunfisch und Lachs ebenfalls in gleichmäßige Streifen schneiden. Falls es nicht möglich ist, einen langen Streifen zu schneiden, können auch mehrere Streifen geschnitten werden, die jeweils insgesamt eine Länge von ca. 18 cm ergeben.

3 ___ Die Nori-Blätter für die Hosomaki halbieren. Das halbe (Hosomaki) oder ganze (Futomaki) Nori-Blatt mit der glänzenden Seite nach unten auf die Sushi-Rollmatte legen. Außerdem sollten beim Hinlegen die Streifen auf dem Nori-Blatt waagerecht sein.

4 ___ Jetzt die Hände leicht mit dem Essigwasser befeuchten und ca. 80 g (Hosomaki) oder 200 g (Futomaki) gekochten Sushi-Reis vorsichtig auf dem Nori-Blatt verteilen. Dabei am oberen Rand etwa 1 cm Platz lassen.

5 ___ Optional kann nun eine kleine Menge Wasabi mit einem Löffel auf dem Reis verteilt werden. Danach die Füllungen einzeln (Hosomaki) oder alle Füllungen (Futomaki) mittig platzieren und anfangen zu rollen: Die Matte mit beiden Daumen und Zeigefingern vorne etwas anheben und dabei mit den anderen Fingern die Füllung festhalten. Das Nori-Blatt um die Füllung legen und mit leichtem Druck zusammenpressen. Weiter mit sanftem Druck anheben und rollen, bis sich beide

Enden des Nori-Blattes überlappen. Den Vorgang für alle anderen Rollen wiederholen.

6 ___ Ein langes und sehr scharfes Messer mit Essigwasser befeuchten. Jetzt die Rollen jeweils halbieren und jede Hälfte in 3 Stücke schneiden.

7 ___ Mit Sojasauce zum Dippen, Sushi-Ingwer und ggf. extra Wasabi servieren.

Die Füllungen für Maki-Sushi können je nach Präferenz angepasst werden. Zurechtgeschnittene Tamagoyaki-Rollen (siehe Rezept S. 46) oder die Thunfischfüllung aus dem Onigiri-Rezept (siehe Rezept S. 76) sind ebenfalls gut geeignet!

親子丼

Oyakodon

REIS-BOWL MIT HÄHNCHEN UND EI

Zubereitungszeit: 30 Minuten
Für 2 Portionen

---

400 g gekochter japanischer Rundkornreis oder Sushi-Reis (siehe Rezept S. 24)

250 g Hähnchenschenkel ohne Haut, entbeint, alternativ Brustfilet

Kartoffel- oder Speisestärke zum Bestäuben

100 g Zwiebeln

3 Eier

Öl zum Anbraten

½ TL Dashi-Pulver

3 EL Sojasauce

2 EL Mirin

1 EL Sake, alternativ Weißwein

1 EL Zucker

nach Belieben Frühlingszwiebeln, schräg in Ringe geschnitten

optional Shichimi Togarashi (Gewürzmischung mit Chili)

1 ___ Reis zubereiten. Das Fleisch in mundgerechte Stücke schneiden und mit Stärke bestäuben. Die Zwiebeln schälen und in dünne Streifen schneiden. Die Eier aufschlagen und leicht verquirlen.

2 ___ In einer Pfanne mit etwas Öl das Hähnchen bei mittlerer Hitze anbraten, bis es außen goldbraun ist. Die Zwiebelstreifen dazugeben und 1–2 Minuten mitbraten, bis sie weich sind.

3 ___ Nun 100 ml Wasser, Dashi-Pulver, Sojasauce, Mirin, Sake und Zucker dazugeben und gut verrühren. Aufkochen lassen und dann bei schwacher Hitze 3–4 Minuten köcheln lassen.

4 ___ ⅔ der verquirlten Eier gleichmäßig in der Pfanne verteilen, den Deckel auflegen und ca. 40–50 Sekunden warten, bis sie leicht gestockt sind. Danach den Rest der Eier hinzugeben und noch 1 Minute ohne Deckel fertiggaren.

5 ___ Alles auf Schalen verteilen, zum Schluss mit Frühlingszwiebeln garnieren und optional mit Shichimi Togarashi servieren.

Magst du dein Ei ordentlich durchgegart, kannst du die Eimasse etwas länger in der Pfanne lassen!

牛
丼

Gyudon

REIS-BOWL MIT RINDFLEISCH UND ZWIEBELN

Zubereitungszeit: 25 Minuten
Für 2 Portionen

---

400 g gekochter japanischer Rundkornreis oder Sushi-Reis (siehe Rezept S. 24)

200 g Rindfleisch

100 g Zwiebeln

Öl zum Anbraten

1 TL Dashi-Pulver

4 EL Sojasauce

4 EL Mirin

2 EL Sake, alternativ Weißwein

1 EL Zucker

Frühlingszwiebeln, in Ringe geschnitten, zum Servieren

Beni Shōga (roter eingelegter Ingwer) zum Servieren

1 ___ Reis zubereiten. Das Rindfleisch in sehr dünne Streifen schneiden. Die Zwiebeln schälen und in dünne Streifen schneiden.

2 ___ In einer Pfanne mit etwas Öl die Zwiebeln bei mittlerer Hitze 1–2 Minuten anbraten. Nun 200 ml Wasser, Dashi-Pulver, Sojasauce, Mirin, Sake und Zucker dazugeben und verrühren.

3 ___ Köcheln lassen, bis die Zwiebeln weich sind. Das Rindfleisch dazugeben und 10 Minuten köcheln lassen, bis es durchgegart ist. Zwischendurch mit einem kleinen Sieb den Schaum an der Oberfläche entfernen.

4 ___ Alles auf Schalen verteilen und vor dem Servieren mit Frühlingszwiebeln und Beni Shōga garnieren.

Das Fleisch kaufe ich gerne im Asiamarkt. Dort gibt es hauchdünne tiefgekühlte Scheiben, die eigentlich für »Hot Pot« gedacht sind. Das spart einiges an Zeit. Alternativ kannst du aber dein Fleisch auch kurz anfrieren und selbst hauchdünn schneiden.

カツ丼

Katsudon

REIS-BOWL MIT SCHNITZEL

Zubereitungszeit: 20 Minuten
Für 2 Portionen

---

400 g gekochter japanischer Rundkornreis oder Sushi-Reis (siehe Rezept S. 24)

2 fertige Tonkatsu-Schnitzel (siehe Rezept S. 62)

60 g Zwiebeln

3 Eier

1 TL Dashi-Pulver

2 EL Sojasauce

2 EL Mirin

2 EL Sake

1 EL Zucker

Frühlingszwiebel, in Ringe geschnitten, zum Servieren

1 ___ Den Reis zubereiten. Die Tonkatsu-Schnitzel in 2 cm breite Stücke schneiden. Die Zwiebeln schälen und in dünne Streifen schneiden. Die Eier in einer kleinen Schüssel miteinander verquirlen.

2 ___ In eine Pfanne, die groß genug ist für beide Schnitzel, die Zwiebelstreifen mit 120 ml Wasser, Dashi-Pulver, Sojasauce, Mirin, Sake und Zucker geben. Auf mittlere Hitze stellen und aufkochen lassen.

3 ___ Kurz köcheln lassen, bis die Zwiebel weich ist. Nun die in Stücke geschnittenen Schnitzel in die Pfanne legen und mit Deckel 2 Minuten warm werden lassen.

4 ___ ⅔ der Eimasse dazugeben, mit vorsichtigen Schwenkbewegungen gut verteilen und mit Deckel noch 1 weitere Minute garen. Danach den Rest der Eier dazugeben und die Pfanne vom Herd nehmen.

5 ___ Den Reis auf Schalen verteilen, darauf jeweils eine Portion Fleisch und Eimasse anrichten. Mit Frühlingszwiebeln garnieren und servieren.

Der Name Katsudon besteht aus zwei Teilen. »Katsu« ist eine Abkürzung für Tonkatsu, Schnitzel, und »Don« steht für »Donburi«. Der Begriff Donburi umfasst alle Gerichte in einer Schüssel mit Reis und Beilagen darauf. Demnach findest du hier noch andere Rezepte, die mit »Don« enden!

ち
ら
し
寿
司

Chirashi Sushi

SUSHI-BOWL

Zubereitungszeit: 50 Minuten
Für 2 Portionen

400 g gekochter und gewürzter Sushi-Reis (siehe Rezept S. 30)

GEMÜSEMISCHUNG

4 getrocknete Shiitakepilze

60 g Karotten

70 g Lotuswurzel

Öl zum Anbraten

2 EL Sojasauce

2 EL Mirin

1 TL Dashi-Pulver

½ EL Zucker

150 ml Shiitake-Wasser

EIMISCHUNG

2 Eier

1 TL Zucker

¼ TL Salz

Öl zum Anbraten

TOPPINGS

6 Zuckererbsen

12 Garnelen, gekocht, ohne Schale

weißer und schwarzer Sesam

1 ___ Den Reis kochen und würzen. Die Shiitakepilze in Wasser mindestens 30 Minuten einweichen. Karotten schälen und in kleine Streifen schneiden, Lotuswurzel schälen, in Scheiben schneiden und vierteln.

2 ___ Die Eier zusammen mit Zucker und Salz gut verquirlen. In eine Pfanne mit etwas Öl bei mittlerer Hitze so viel Eimasse gießen, dass der Pfannenboden bedeckt ist. Warten, bis das Ei stockt, und zwischendurch einmal wenden. Das Omelett einrollen und in sehr dünne Streifen schneiden. Falls noch Eimasse übrig ist, den Vorgang wiederholen.

3 ___ Die Shiitakepilze abgießen, dabei das Einweichwasser auffangen. Die Pilze vom Stiel befreien und in Streifen schneiden. In einer Pfanne mit Öl bei mittlerer Hitze Karotte, Lotuswurzel und Shiitakestreifen 1 Minute kurz anbraten. Sojasauce, Mirin, Dashi-Pulver, Zucker und 150 ml von dem aufgefangenen Einweichwasser der Pilze dazugeben. Verrühren und 10–15 Minuten kochen lassen, bis die meiste Flüssigkeit verdampft ist. Den warmen Reis dazugeben und vermischen, bis alles gut verteilt ist und der Reis einen leicht braunen Glanz erhält.

4 ___ Die Zuckererbsen 2–3 Minuten in einem Topf mit kochendem Wasser blanchieren und dann mit kaltem Wasser abschrecken. Danach in feine Streifen schneiden.

5 ___ Den Reis auf Schalen oder Teller verteilen. Mit den Omelettstreifen, Zuckererbsen, Garnelen und Sesam garnieren und servieren.

Chirashi Sushi ist eine andere Art, Sushi zu essen, und wird traditionell beim japanischen Mädchenfest am 3. März serviert. Wörtlich übersetzt heißt es etwa »Streu-Sushi«.

そぼろ丼

Soboro Don

REIS-BOWL MIT HACKFLEISCH UND EI

Zubereitungszeit: 25 Minuten
Für 2 Portionen

400 g gekochter japanischer Rundkornreis oder Sushi-Reis (siehe Rezept S. 24)

Frühlingszwiebeln zum Servieren

optional 5 g Ingwer

EIERMISCHUNG

3 Eier

1 EL Sake

1 EL Mirin

1 TL Zucker

¼ TL Salz

Öl zum Anbraten

HACKFLEISCH

200 g Hackfleisch (Hähnchen), alternativ Rind, Schwein, gemischt oder veganes Hack

Öl zum Anbraten

2 EL Sojasauce

2 EL Mirin

1 EL Sake

2 TL Zucker

1 ___ Reis zubereiten. Frühlingszwiebeln waschen und schräg in Ringe schneiden. Ingwer schälen und reiben.

2 ___ Die Eier in einer Schüssel gut verquirlen. Sake, Mirin, Zucker und Salz dazugeben und alles verrühren. In einer Pfanne mit etwas Öl bei mittlerer Hitze die Eiermischung anbraten, bis sie gestockt ist, und zerkleinern. Zur Seite stellen.

3 ___ Das Hackfleisch in einer Pfanne mit etwas Öl bei mittlerer Hitze kurz anbraten und mit Sojasauce, Mirin und Sake ablöschen. Zucker und geriebenen Ingwer dazugeben und gut verrühren. Köcheln lassen, bis die Flüssigkeit verdampft ist, dann zur Seite stellen.

4 ___ Den Reis auf Schalen verteilen. Auf eine Hälfte jeweils eine Portion der Hackfleischmischung geben, auf die andere Hälfte das Ei. Mit Frühlingszwiebeln bestreuen und servieren.

Das Wort »Soboro« bezieht sich auf Fisch, Fleisch oder Eier, die bei der Zubereitung fein zerkleinert werden. Diese Version mit Hähnchenhackfleisch ist die beliebteste, weswegen man dieses Gericht einfach »Soboro Don« nennt.

オムライス

Omuraisu

OMELETT MIT REISFÜLLUNG

Zubereitungszeit: 25 Minuten
Für 2 Portionen

KETCHUP-REIS

50 g Zwiebeln

60 g Karotten

120 g Hähnchenfleisch, alternativ Würstchen

Öl zum Anbraten

300 g gekochter japanischer Rundkornreis oder Sushi-Reis (siehe Rezept S. 24)

4 EL Ketchup

2 EL Sojasauce

2 Prisen Salz und Pfeffer

OMELETT

4 Eier

2 EL Milch deiner Wahl

30 g Butter zum Anbraten

SAUCE

4 EL Ketchup

15 g Butter

ZUM SERVIEREN

nach Belieben Petersilie

nach Belieben Tomaten

1 ___ Zwiebeln und Karotten schälen und klein hacken. Das Hähnchen in mundgerechte Stücke schneiden.

2 ___ In einer Pfanne mit etwas Öl zunächst die Zwiebeln 1–2 Minuten bei mittlerer Hitze anbraten, bis sie glasig werden. Jetzt das Hähnchen und die Karotten hinzufügen und 2–3 Minuten mitbraten, bis das Fleisch durchgegart ist.

3 ___ Nun den Reis dazugeben und schließlich mit Ketchup, Sojasauce und Pfeffer würzen und mit Salz verfeinern. Umrühren und 1–2 Minuten gut anbraten, damit die Säure vom Ketchup entweicht. Zur Seite stellen.

4 ___ Die Eier in eine kleine Schüssel aufschlagen und mit der Milch gut verquirlen. In eine separate Pfanne die Butter geben und bei mittlerer Hitze zerlassen. Dann die Hälfte der Eimasse hineingeben und in der ganzen Pfanne gut verteilen.

5 ___ Die Pfanne etwas schräg nach oben halten, sodass ein Teil des Omeletts etwas dicker wird. Sobald alles etwas gestockt und die untere Seite angebraten ist, die Hitze ausschalten und auf das obere, dickere Drittel des Omeletts vorsichtig die Hälfte der Reismischung geben. Das Omelett über den Reis klappen.

6 ___ Nun das Omelett aus der Pfanne vorsichtig auf einen Teller stürzen, sodass der Reis nicht mehr sichtbar ist. Falls nötig ein sauberes Küchenpapier nehmen und die Form vorsichtig mit den Händen korrigieren. Alternativ den Reis zuerst auf einen Teller geben und das Omelett dann auf den Reis gleiten lassen, sobald es durchgegart ist. Die zweite Portion genauso zubereiten.

7 ___ Für die Sauce Ketchup und Butter in einem Topf erwärmen und verrühren.

8 ___ Zum Schluss die Sauce über den Omuraisu gießen und optional mit Petersilie und Tomaten anrichten.

Zum Reis können noch andere Gemüsesorten wie Champignons, Paprika oder Erbsen hinzugefügt werden.

Timing ist hier der Knackpunkt! Der Reis muss auf das Omelett gegeben werden, sobald die Eimasse unten fest angebraten und oben nur leicht gestockt ist. Das braucht etwas Übung, ebenso wie das Formen, aber mit der Zeit meisterst du es ganz sicher!

カレーライス

Kare Raisu

CURRY MIT REIS

Zubereitungszeit: 30 Minuten
Für 4 Portionen

250 g festkochende Kartoffeln

100 g Karotten

300 g Zwiebeln

400 g Schweinefleisch, alternativ Rind oder Hähnchen

Öl zum Anbraten

110 g japanische Currywürfel (4 kleine Würfel ergeben ca. 110g)

800 g gekochter japanischer Rundkornreis oder Sushi-Reis (siehe Rezept S. 24)

1 ___ Kartoffeln, Karotten und Zwiebeln schälen und ebenso wie das Fleisch in mundgerechte Stücke schneiden.

2 ___ In einem Topf mit etwas Öl das Fleisch 2–3 Minuten bei mittlerer Hitze anbraten, bis es durchgegart ist. Das Gemüse dazugeben und ca. 5 Minuten unter gelegentlichem Rühren mitbraten.

3 ___ 700 ml Wasser in den Topf gießen und aufkochen lassen. Das Ganze bei schwacher Hitze mit Deckel ca. 15 Minuten köcheln lassen, bis alles durchgegart ist.

4 ___ Die Currywürfel in den Topf geben, alles noch ca. 5 Minuten köcheln lassen und umrühren, bis sie komplett aufgelöst sind und die Sauce eine dickflüssige Konsistenz annimmt. Das Curry mit dem frisch gekochten Reis servieren.

Das Kare Raisu kann zusätzlich mit einem Tonkatsu-Schnitzel (siehe Rezept S. 62) serviert werden. So erhält man das beliebte Gericht Katsu Curry!

Eine große Auswahl an japanischen Currywürfeln findest du im Asiamarkt! Dabei kannst du je nach Präferenz eine milde oder leicht scharfe Sorte wählen.

焼き飯

Yakimeshi

GEBRATENER REIS

Zubereitungszeit: 20 Minuten
Für 2 Portionen

1 Frühlingszwiebel

120 g Chashu (siehe Rezept S. 108), alternativ Kochschinken

2 Eier

Öl zum Anbraten

400 g gekochter japanischer Rundkornreis oder Sushi-Reis (siehe Rezept S. 24), vom Vortag (gekühlt) oder frisch gekocht (warm)

½ TL Salz

½ TL Pfeffer

2 EL Sojasauce

optional 2 EL Sake, alternativ Weißwein

1 ___ Die Frühlingszwiebel waschen und in Ringe schneiden. Das Chashu in mundgerechte Stücke schneiden. Die Eier in eine Schüssel aufschlagen und gut verrühren.

2 ___ In eine Pfanne mit etwas Öl bei mittlerer Hitze die Eier geben. Sobald sie gestockt sind, den Reis dazugeben und mit einer Kelle o. Ä. gut verrühren. 2–3 Minuten anbraten und die Klumpen vorsichtig zerdrücken, damit alles gut aufgeteilt wird.

3 ___ Den größten Teil der Frühlingszwiebeln und das Fleisch dazugeben und den Reis mit Salz und Pfeffer vermengen.

4 ___ Zum Schluss Sojasauce und optional Sake am Rand der Pfanne hineingießen. Vermengen, weitere 2–3 Minuten anbraten und vor dem Servieren mit den restlichen Frühlingszwiebeln bestreuen. Optional den fertigen Reis in eine Schale drücken und auf den Teller stürzen.

Bei gekühltem Reis mit leicht trockenen Reiskörnern erhältst du am Ende gebratenen Reis, der nicht klebt. Benutzt du hingegen warmen Reis, kleben die Reiskörner etwas zusammen, allerdings haben sie noch eine gute Temperatur, was die Bratzeit verkürzt. Außerdem lassen sich die Reisklumpen besser zerdrücken. Entscheide am besten selber, welche Variante du lieber magst!

麺料理

RAMEN, NUDEL-GERICHTE & CO.

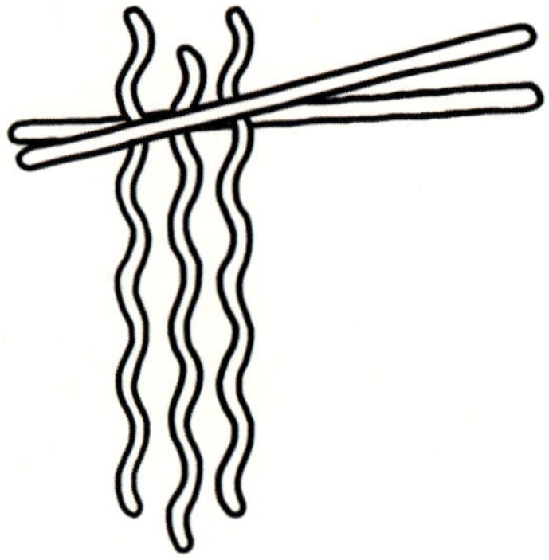

Neben dem heißgeliebten Reis sind Nudeln ebenfalls ein fester Bestandteil der japanischen Küche – Ramen- und Udon-Nudeln, diese Nudelsorten sind mittlerweile auch vielen Menschen außerhalb Japans ein Begriff.
In diesem Kapitel findest du nicht nur einfache und schnelle Ramen-Rezepte mit den dazugehörigen Toppings. Die japanische Küche hat nämlich auch andere leckere Nudelgerichte im Angebot, die ich dir gerne zeigen möchte. Egal ob angebraten, in einer heißen Suppe oder mit Gemüse – es wird definitiv köstlich!

Ein kleiner Bonus: Hier bleibt es nicht nur bei Nudeln. Sandwiches, Eintöpfe und die japanische »Pizza« dürfen definitiv nicht fehlen. Neugierig geworden? Dann probiere es doch gern mal aus!

担々麺

Tantanmen

Zubereitungszeit: 20 Minuten
Für 1 Portion

1 Portion Ramen-Nudeln

HACKFLEISCHMISCHUNG

100 g Hackfleisch (Schwein), alternativ Rind, gemischt oder veganes Hack

Öl zum Anbraten

5 g Ingwer

2 Knoblauchzehen

1 EL Chili-Bohnen-Sauce Toban Djan, alternativ andere Chilipaste oder Misopaste

1 EL Sojasauce

SUPPENBASIS

1 ½ EL Sojasauce

2 EL Sesampaste Nerigoma, alternativ Tahin oder Erdnussbutter

1 TL Reisessig

1 TL japanisches Chiliöl La-Yu

BRÜHE

150 ml Hühnerbrühe, alternativ Gemüsebrühe

250 ml Sojamilch, alternativ Hafermilch

TOPPINGS

Pak Choi

optional 1 Mariniertes Ramen-Ei (siehe Rezept S. 106)

1 ___ Das Hackfleisch in einer Pfanne mit etwas Öl bei mittlerer Hitze anbraten, bis es durchgegart ist. Inzwischen Ingwer und Knoblauch schälen und klein hacken. Zu dem angebratenen Fleisch geben und 1–2 Minuten mitbraten. Umrühren, damit nichts anbrennt.

2 ___ Chili-Bohnen-Sauce und Sojasauce zur Hackfleischmischung geben und gut vermengen. Köcheln lassen, bis die Flüssigkeit reduziert ist, und dann zur Seite stellen.

3 ___ Für die Suppenbasis »Tare« in eine große Schale (eine Ramen-Schüssel) Sojasauce, Sesampaste, Reisessig und etwas Chiliöl geben.

4 ___ Hühnerbrühe und Sojamilch in einem Topf vermengen und erwärmen, aber nicht kochen lassen. Zwischendurch umrühren, damit nichts am Topfboden ansetzt.

5 ___ Währenddessen die Ramen-Nudeln nach Packungsanleitung kochen. Den Pak Choi vom Strunkansatz befreien, 2 Minuten blanchieren und dann in eiskaltem Wasser abschrecken.

6 ___ Zur Suppenbasis in die Schale vorsichtig etwas von der Brühemischung gießen, gut verrühren und dann den Rest dazugießen. Die fertig gekochten Nudeln dazugeben und mit dem Hackfleisch und Pak Choi garnieren. Optional kann noch ein Ramen-Ei als Topping ergänzt werden.

Für eine nicht scharfe Variante kannst du das Hackfleisch mit Misopaste statt der Chilipaste würzen und das Chiliöl weglassen oder für eine extra nussige Note durch Sesamöl ersetzen.

味噌ラーメン

Miso Ramen

Zubereitungszeit: 25 Minuten
Für 1 Portion

1 Frühlingszwiebel

2 Knoblauchzehen

70 g Zwiebeln

1 Portion Ramen-Nudeln

1 EL Pflanzenöl

10 g Butter

100 g Hackfleisch (Schwein), alternativ Rind, gemischt oder veganes Hack

75 g Sojasprossen

BRÜHE

2 ½ EL Misopaste (hell)

1 TL Chili-Bohnen-Sauce Toban Djan, alternativ andere Chilipaste oder mehr Misopaste

optional 1 EL Sake, alternativ Weißwein

400 ml Hühnerbrühe, alternativ Gemüsebrühe

½ EL Zucker

TOPPINGS

Butter

Maiskörner (Konserve)

Frühlingszwiebelringe

optional 1 Mariniertes Ramen-Ei (siehe Rezept S. 106)

1 ___ Frühlingszwiebel waschen und in Ringe schneiden, Knoblauch schälen und hacken, Zwiebeln schälen und in Streifen schneiden.

2 ___ Öl und Butter in einen Topf geben und bei mittlerer Hitze Frühlingszwiebel und Knoblauch 1–2 Minuten anbraten, bis sich die Aromen entfalten. Sie sollten jedoch nicht braun werden.

3 ___ Das Hackfleisch dazugeben und anbraten, bis es durchgegart ist. Danach Zwiebeln und Sojasprossen in den Topf geben. 3–4 Minuten bei hoher Hitze mitbraten.

4 ___ Jetzt die Misopaste und die Chilipaste hinzugeben und alles gut verrühren. Optional den Sake dazugeben.

5 ___ Sobald alles gut verteilt ist, die Hühnerbrühe dazugießen. Mit dem Zucker abschmecken und noch ca. 5 Minuten bei schwacher Hitze nur erwärmen.

6 ___ Währenddessen die Ramen-Nudeln nach Packungsanleitung kochen und abgießen.

7 ___ Die Nudeln in die Suppenschale geben und die Brühe mit dem Fleisch und Gemüse dazugeben. Mit etwas Butter, Mais, Frühlingszwiebeln und optional einem Ramen-Ei garnieren und servieren.

Sobald du alle Zutaten zur Misobrühe gegeben hast, solltest du sie nicht mehr kochen lassen! Ähnlich wie bei der Misosuppe (siehe Rezept S. 28) verliert sie sonst an Geschmack. Erwärme sie einfach bei schwacher Hitze, lasse sie aber nicht aufkochen.

醤油ラーメン

Shoyu Ramen

Zubereitungszeit: 20 Minuten
Für 1 Portion

1 Portion Ramen-Nudeln

WÜRZÖL (reicht für 3 Portionen Ramen)

75 ml neutrales Pflanzenöl, z. B. Raps- oder Sonnenblumenöl

30 g Frühlingszwiebeln

10 g Ingwer

SUPPENBASIS

2 EL Sojasauce

1 TL Mirin

¼ TL Salz

¼ TL Zucker

BRÜHE

225 ml Dashi-Brühe, mit Instantpulver oder selbst gemacht

225 ml Hühnerbrühe, mit Instantpulver oder selbst gemacht, alternativ Gemüsebrühe

TOPPINGS

Frühlingszwiebelringe

2–3 Scheiben Chashu (siehe Rezept S. 108), alternativ Kochschinken

1 Mariniertes Ramen-Ei (siehe Rezept S. 106), alternativ 1 weich gekochtes Ei (Kochzeit: 6 Minuten 30 Sekunden)

Menma (siehe Rezept S. 110)

1 ___ Das Pflanzenöl in einer Pfanne bei schwacher Hitze heiß werden lassen. Die Frühlingszwiebel waschen, zusammen mit dem Ingwer hacken und dazugeben.

2 ___ 4–5 Minuten anbraten, bis es gut riecht. Das Öl durch ein Sieb gießen und in einem geeigneten Behälter aufbewahren (Achtung: heißes Öl).

3 ___ Für die Suppenbasis in eine große Schale (eine Ramen-Schüssel) Sojasauce, Mirin, Salz und Zucker geben.

4 ___ In einem Topf Dashi-Brühe und Hühnerbrühe miteinander verrühren. Erhitzen, aber nicht kochen lassen.

5 ___ Währenddessen die Ramen-Nudeln nach Packungsanleitung in kochendem Wasser garen, dann gut abtropfen lassen.

6 ___ Die Brühe in die Schale mit der Suppenbasis gießen und mit etwas Würzöl verfeinern (ca. 20 ml). Die Nudeln hinzugeben und mit Frühlingszwiebeln, Chashu, Ramen-Ei und Menma garnieren.

Das Würzöl kannst du auch hervorragend für andere Gerichte nutzen, egal ob zum Anbraten oder Verfeinern. Die leichte Note aus Frühlingszwiebeln und Ingwer sorgt immer für das gewisse Etwas!

塩ラーメン

Shio Ramen

Zubereitungszeit: 15 Minuten
Für 1 Portion

1 Portion Ramen-Nudeln

BRÜHE

1 EL Hühnerbrühepulver

½ EL Dashi-Pulver

1 TL Salz

1 TL Mirin

1 TL weißer Sesam

1 TL Sesamöl

TOPPINGS

Pfeffer

Frühlingszwiebeln, in Ringe geschnitten

Nori-Blatt

1 Mariniertes Ramen-Ei (siehe Rezept S. 106), alternativ 1 weich gekochtes Ei (Kochzeit: 6 Minuten 30 Sekunden)

2–3 Scheiben Chashu (siehe Rezept S. 108), alternativ Kochschinken

1 ___ Hühnerbrühepulver, Dashi-Pulver, Salz, Mirin, weißen Sesam und Sesamöl in eine große Schale (eine Ramen-Schüssel) geben.

2 ___ In einem Topf mit kochendem Wasser die Ramen-Nudeln nach Packungsanweisung garen, dann abtropfen lassen.

3 ___ Währenddessen in die Schale mit der Suppenbasis 400 ml heißes Wasser gießen und alles gut verrühren.

4 ___ Die Nudeln dazugeben und zum Schluss die Shio Ramen nach Belieben mit Pfeffer, Frühlingszwiebeln, Nori, Ei und Chashu garnieren.

»Shio« heißt auf Japanisch Salz. Diese Ramen basieren auf einer Brühe, bei der Salz maßgeblich zum Geschmack beiträgt. Dank Hühnerbrühe und Sesamöl harmoniert die Brühe super mit den Nudeln und Toppings!

味
付
け
卵

Ajitsuke Tamago

MARINIERTE RAMEN-EIER

Zubereitungszeit: 15 Minuten
Marinierzeit: über Nacht
Für 3 Stück

1 Schuss Essig

1 Prise Salz

3 Eier

4 EL Sojasauce

2 EL Mirin

1 TL Zucker

1 ___ In einen Topf mit Wasser den Essig und das Salz geben. Das erleichtert das Schälen der Eier. Die Eier aus dem Kühlschrank nehmen und für genau 6 Minuten und 30 Sekunden kochen lassen, sobald das Wasser aufkocht.

2 ___ Nach dem Kochen die Eier in eiskaltem Wasser abkühlen, dann vorsichtig schälen.

3 ___ In einem kleinen Gefäß Sojasauce, Mirin und Zucker mit 2 EL Wasser verrühren und die Eier hineingeben.

4 ___ Die Eier in der Mischung idealerweise über Nacht oder für ca. 12 Stunden im Kühlschrank marinieren lassen und zwischendurch einmal umdrehen, damit jede Seite mariniert wird. Alternativ kann auch ein sauberes Küchenpapier auf die Eier gelegt werden, das sich mit der Marinade vollsaugt, sodass auch die obere Hälfte der Eier mariniert wird. Die Eier können auch in einem Gefrierbeutel mariniert werden, sodass sie von Anfang an komplett mit der Marinade bedeckt sind.

5 ___ Nach dem Marinieren die Eier halbieren und servieren.

Die marinierten Eier sind das perfekte Topping für Ramen. Sie können aber auch einfach so zu Reis gegessen werden. Übrig gebliebene Marinade kannst du z. B. als Sauce für eine Gemüsepfanne weiterverwenden!

チャーシュー

Chashu Topping

GESCHMORTER SCHWEINEBAUCH FÜR RAMEN

Zubereitungszeit: 80 Minuten
Marinierzeit: über Nacht
Für 5 Portionen

500 g Schweinebauch

2 Knoblauchzehen

1 Frühlingszwiebel

20 g Ingwer

Öl zum Anbraten

100 ml Sojasauce

100 ml Sake, alternativ Weißwein

4 EL Zucker

1 ___ Den Schweinebauch auf der Fleischseite im Abstand von 2 cm leicht einschneiden, aber nicht komplett durchschneiden. So nimmt das Fleisch die Marinade besser auf.

2 ___ Das Fleisch mit der Fettseite nach außen von der langen Seite her eng aufrollen. Jetzt mit Küchengarn zusammenbinden: Die Schnur um ein Ende der Rolle binden und einen Knoten machen, dabei ein Stück Schnur von ca. 6 cm stehen lassen. Jetzt die Rolle bis zum anderen Ende im Abstand von 1 cm mit dem Küchengarn umwickeln. Am anderen Ende einen Knoten machen, die Schnur dann längs um die Rolle wickeln und zum Schluss mit dem 6 cm langen Endstück verknoten und fest zusammenziehen.

3 ___ Den Knoblauch schälen, die Frühlingszwiebel waschen, halbieren und das Ende abschneiden. Den Ingwer schälen und in grobe Stücke schneiden.

4 ___ In einer Pfanne mit etwas Öl bei mittlerer Hitze das Fleisch rundherum goldbraun anbraten.

5 ___ In einem Topf Sojasauce, Sake, 200 ml Wasser und den Zucker verrühren. Das Fleisch, den Knoblauch, Ingwer und Frühlingszwiebel dazugeben und die Marinade aufkochen lassen. Mit einem kleinen Sieb o. Ä. den Schaum an der Oberfläche abschöpfen. Einen Deckel auflegen und das Fleisch bei schwacher Hitze 1 Stunde köcheln lassen. Nach 30 Minuten das Fleisch einmal wenden.

6 ___ Das Fleisch aus dem Topf nehmen und auf Zimmertemperatur abkühlen lassen.

7___ In einen Gefrierbeutel geben und die Marinade aus dem Topf vorsichtig hinzugießen. Den Beutel verschließen und die Luft herausdrücken, sodass das Chashu rundherum mit der Marinade bedeckt ist. Für den optimalen Geschmack im Kühlschrank über Nacht ziehen lassen.

8 ___ Am nächsten Tag die Schnur entfernen und das Chashu in Scheiben schneiden. Als Topping zu Ramen servieren oder einfach mit Reis essen.

Für eine schnelle Version wird der Schweinebauch nicht aufgerollt. Nach dem Garen in der Marinade lässt du ihn kurz abkühlen, schneidest ihn in dünne Scheiben und servierst direkt. Die restliche Marinade kannst du für extra Geschmack über das Fleisch träufeln oder als Sauce für eine Gemüsepfanne o. Ä. benutzen.

メンマ

Menma

MARINIERTE BAMBUSSPROSSEN

Zubereitungszeit: 30 Minuten
Für 8 Ramen-Portionen

---

150 g Bambussprossen, vorgekocht, in Streifen

1 EL Sesamöl

100 ml Hühnerbrühe, aus Pulver oder selbst gemacht

1 ½ EL Sojasauce

1 ½ EL Mirin

1 EL Zucker

½ TL Salz

optional ¼ TL japanisches La-Yu Chiliöl

1 ___ Die Bambussprossen abgießen, unter fließendem Wasser abwaschen, dann mit Küchenpapier o. Ä. abtrocknen.

2 ___ In einen Topf das Sesamöl geben und die Bambussprossen bei mittlerer Hitze 1–2 Minuten anbraten. Dabei rühren, damit nichts anbrennt.

3 ___ Jetzt Hühnerbrühe, Sojasauce, Mirin, Zucker und Salz hinzugeben. Verrühren und 15–20 Minuten bei schwacher Hitze köcheln lassen, bis fast die gesamte Flüssigkeit verdampft ist. Die marinierten Bambussprossen in eine Schüssel geben.

4 ___ Zum Schluss für eine leichte Schärfe optional mit japanischem Chiliöl verfeinern und als Topping für Ramen servieren.

Diese Bambussprossen eignen sich perfekt als Topping für deine nächste Ramen-Bowl! Alternativ kannst du sie aber auch mit Reis essen, das schmeckt ebenfalls super.

焼きうどん

Yaki Udon

GEBRATENE UDON-NUDELN

Zubereitungszeit: 20 Minuten
Für 2 Portionen

150 g Spitzkohl, alternativ Weiß- oder Chinakohl

60 g Karotten

60 g Zwiebeln

150 g Schweinefleisch (Schweinebauch), alternativ Rind, Meeresfrüchte oder Tofu Natur

2 Portionen Udon-Nudeln

Salz und Pfeffer

Öl zum Anbraten

2 EL Sojasauce

1 EL Mirin

1 EL Sake

1 TL Dashi-Pulver

1 TL Zucker

optional Katsuobushi (Bonitoflocken)

1 ___ Zunächst den Kohl waschen und in dünne Streifen schneiden. Karotten und Zwiebeln schälen, dann ebenfalls in dünne Streifen schneiden. Das Fleisch in dünne Scheiben schneiden.

2 ___ Die Udon-Nudeln nach Packungsanleitung kochen, auflockern und 1 Minute vor Ende der Garzeit aus dem Topf nehmen. Abtropfen lassen und zur Seite stellen.

3 ___ Jetzt das Fleisch mit Salz und Pfeffer bestreuen und in einer Pfanne mit etwas Öl bei mittlerer Hitze anbraten, bis es durchgegart ist. Danach das Gemüse dazugeben und 2–3 Minuten mitbraten, bis es etwas weicher ist. Die abgetropften Udon-Nudeln dazugeben.

4 ___ Direkt danach Sojasauce, Mirin, Sake, Dashi-Pulver und Zucker in die Pfanne geben und alles gut verrühren. Darauf achten, dass die Nudeln nicht zu lange gegart werden.

5 ___ Sobald alles vermengt ist, sind die gebratenen Udon-Nudeln servierbereit. Zum Schluss optional mit Bonitoflocken garnieren.

Udon-Nudeln kannst du getrocknet, vorgekocht oder gefroren kaufen. Ich kaufe sie gerne gefroren, da sie schnell zubereitet sind und dann noch einen schönen Biss haben!

焼きそば

Yakisoba

GEBRATENE NUDELN

Zubereitungszeit: 20 Minuten
Für 2 Portionen

180 g Spitzkohl, alternativ Weiß- oder Chinakohl

60 g Karotten

150 g Schweinefleisch (Schweinebauch), alternativ Rind, Meeresfrüchte oder Tofu Natur

Salz und Pfeffer

2 Portionen Yakisoba- oder Ramen-Nudeln

70 g Sojasprossen

SAUCE

100 ml Yakisoba Sauce, alternativ 3 EL Worcestersauce und 1 EL Austernsauce

1 ½ EL Ketchup

½ EL Sojasauce

2 Prisen Zucker

ZUM SERVIEREN

optional Beni Shōga (roter eingelegter Ingwer)

optional Aonori (Algenflocken)

1 ___ Den Kohl waschen und grob in mundgerechte Stücke schneiden. Die Karotten schälen und in Streifen schneiden, den Schweinebauch in dünne Scheiben schneiden. Das Fleisch mit etwas Salz und Pfeffer bestreuen.

2 ___ Für die Sauce alle aufgelisteten Zutaten in eine Schüssel geben und gut verrühren.

3 ___ Für getrocknete Nudeln: Wasser in einem Topf aufkochen und die Nudeln nach Packungsanleitung garen. Anschließend kurz mit kaltem Wasser abschrecken und zur Seite stellen. Für vorgekochte Nudeln: In einer Pfanne etwas Öl verteilen und auf mittlere Hitze stellen. Die Nudeln aus der Packung nehmen und beide Seiten gut anbraten, bis sie goldbraun sind. Danach zur Seite stellen.

4 ___ Das Fleisch in einer Pfanne bei mittlerer Hitze mit etwas Öl anbraten, bis es durchgegart und leicht gebräunt ist. Kohl, Karotten, Sojasprossen dazugeben und kurz weiterbraten, bis alles etwas weicher geworden ist.

5 ___ Jetzt die Nudeln und die Yakisoba-Sauce in die Pfanne geben. Unter ständigem Rühren alles noch 2–3 Minuten gut anbraten. Dabei mit einem Stäbchen oder einer Zange die Nudeln auflockern und gut vermengen, bis alles gleichmäßig verteilt ist.

6 ___ Auf Teller verteilen und optional mit Beni Shōga und Aonori garnieren.

Wenn du Yakisoba-Nudeln kaufst, ist in der Packung manchmal schon die dazugehörige Yakisoba-Sauce passend zur Portion enthalten.

ナポリタン

Naporitan

SPAGHETTI MIT KETCHUP UND WÜRSTCHEN

Zubereitungszeit: 20 Minuten
Für 2 Portionen

5 Mini-Wiener-Würstchen

100 g Zwiebeln

80 g (grüne) Paprika

70 g Pilze

2 Knoblauchzehen

Salz

200 g Spaghetti

1 EL Olivenöl

5 EL Ketchup

2 EL Sojasauce

20 g Butter

Pfeffer

50 ml Pastawasser

optional Parmesan zum Servieren

1 ___ Die Würstchen in Scheiben schneiden. Zwiebel schälen, Paprika und Pilze waschen und alles in Streifen schneiden. Knoblauch schälen und klein hacken.

2 ___ Wasser mit etwas Salz aufkochen und die Spaghetti dazugeben.

3 ___ Während die Spaghetti kochen, in einer Pfanne die Würstchen bei mittlerer Hitze in dem Olivenöl anbraten, bis sie leicht kross werden. Dann Zwiebeln und Knoblauch dazugeben und 1–2 Minuten mitbraten. Zum Schluss Paprika und Pilze in die Pfanne geben. Anbraten, bis das Gemüse weich wird.

4 ___ Etwas Platz in der Pfanne machen und direkt auf den Pfannenboden zunächst den Ketchup und dann die Sojasauce geben. Dann mit dem Gemüse und den Würstchen gut vermengen. 1–2 Minuten erhitzen, bis die Säure vom Ketchup verflogen ist.

5 ___ Die Sauce mit der Butter, Pfeffer nach Geschmack und dem Pastawasser verrühren.

6 ___ Die Spaghetti abgießen, in die Pfanne geben und alles gut vermengen. Optional mit Parmesankäse garnieren und servieren.

Die japanische Version von Spaghetti mit Ketchup. Auf den ersten Blick eine ungewöhnliche Kombination, aber spätestens wenn du es probierst, wirst du es verstehen. Ein echt leckerer Klassiker der Yoshoku-Küche!

かけうどん

Kake Udon

UDON-NUDELN IN DASHI-BRÜHE

Zubereitungszeit: 10 Minuten
Für 2 Portionen

---

1 Frühlingszwiebel

3 EL Sojasauce

3 EL Mirin

2 TL Sake, alternativ Weißwein

2 TL Dashi-Pulver

1 TL Zucker

2 Portionen Udon-Nudeln

optional Shichimi Togarashi (Gewürzmischung mit Chili)

1 ___ Die Frühlingszwiebel waschen und in Ringe schneiden. Für die Brühe 600 ml Wasser in einen Topf geben und mit Sojasauce, Mirin, Sake oder Weißwein, Dashi-Pulver und Zucker verrühren. 1–2 Minuten köcheln lassen und dann bei schwacher Hitze warm halten.

2 ___ Währenddessen die Udon-Nudeln nach Packungsanleitung kochen und gut abtropfen lassen. Sollte noch etwas Stärke an den Nudeln kleben, kurz in kaltem Wasser abschrecken.

3 ___ Die Brühe auf Suppenschalen verteilen und die Nudeln dazugeben. Mit Frühlingszwiebeln garnieren und optional weitere Toppings wie Shichimi Togarashi dazugeben.

Dieses Rezept ist unschlagbar, wenn es schnell gehen muss. Du kannst es aber auch mit Toppings deiner Wahl erweiterrn, z. B. Nori-Blätter, gekochte Eier oder sogar Tempura (siehe Rezept S. 72)!

お好み焼き

Okonomiyaki

JAPANISCHE »PIZZA«

Zubereitungszeit: 35 Minuten
Für 2 Portionen

250 g Spitzkohl, alternativ Weißkohl

1 Frühlingszwiebel

100 g Weizenmehl, Type 405

3 TL Dashi-Pulver

2 Eier

Öl zum Anbraten

150 g Schweinefleisch in dünnen Scheiben, alternativ Meeresfrüchte

ZUM SERVIEREN

Okonomiyaki-Sauce (Okonomi-Sauce)

(japanische) Mayonnaise

Aonori (Algenflocken)

Katsuobushi (Bonito-Flocken)

Beni Shōga (roter eingelegter Ingwer)

1 ___ Den Kohl waschen, dann zunächst in dünne Streifen schneiden, um 90 Grad drehen und zum Schluss in kleine Stückchen hacken. Die Frühlingszwiebel waschen und in Ringe schneiden.

2 ___ 100 ml Wasser, Mehl, Dashi-Pulver, Eier und die Frühlingszwiebel in eine Schüssel geben und gut verrühren. Den Kohl mit in den Teig geben und nur so lange rühren, bis es alles vermischt ist.

3 ___ Die Pfanne auf mittlere Hitze stellen und etwas Öl hineingeben. Jetzt die Hälfte der Masse in die Pfanne geben und einen Kreis formen. Die Hälfte der Fleischscheiben darauf verteilen, dann die untere Seite ca. 5 Minuten anbraten, bis sie goldbraun wird.

4 ___ Sobald die gewünschte Farbe erreicht ist, den Pfannkuchen mit einem großen Spachtel wenden. Einen Deckel auf die Pfanne legen und den Pfannkuchen ca. 5 Minuten braten, bis das Fleisch durchgegart und goldbraun ist. Auf einen Teller geben und die zweite Portion ebenso zubereiten.

5 ___ Okonomiyaki zunächst mit Okonomi-Sauce, danach mit Mayonnaise verzieren. Anschließend mit Aonori, Katsuobushi und Beni Shōga nach Belieben garnieren.

Generell gibt es zwei Zubereitungsarten von Okonomiyaki: Für Okonomiyaki im »Osaka Style« werden alle Zutaten zuerst mit dem Teig vermischt und dann gebraten. Beim »Hiroshima Style« werden die Zutaten (Kohl, Fleisch etc.) separat auf den gebratenen Teig geschichtet und das Ganze zum Schluss umgedreht!

クリームシチュー

Kurimu Shichu

CREME-EINTOPF

Zubereitungszeit: 60 Minuten
Für 6 Portionen

500 g Hähnchenschenkel ohne Haut, entbeint, alternativ Brustfilet

350 g festkochende Kartoffeln

250 g Karotten

300 g Zwiebeln

200 g Brokkoli

40 g Butter

nach Belieben Salz und Pfeffer

4 ½ EL Weizenmehl, Type 405

500 ml Hühnerbrühe, aus Pulver oder selbst gemacht

500 ml Milch

optional 2 Lorbeerblätter

¼ TL gemahlene Muskatnuss

pro Person 200 g gekochter japanischer Rundkornreis oder Sushi-Reis (siehe Rezept S. 24)

1 ___ Das Hähnchenfleisch in mundgerechte Stücke schneiden. Kartoffeln, Karotten und Zwiebeln schälen, Brokkoli waschen und alles ebenfalls in mundgerechte Stücke schneiden.

2 ___ In einem großen Topf bei mittlerer Hitze das Fleisch in der Butter anbraten, bis es Farbe bekommt. Die Zwiebeln hinzugeben und 1–2 Minuten mitbraten, bis sie weich werden. Karotten und Kartoffeln dazugeben, vermengen und kurz anbraten. Mit Salz und Pfeffer verfeinern.

3 ___ Das Mehl hinzugeben und gut mit dem Gemüse und Fleisch vermengen. Aufpassen, dass nichts anbrennt. Jetzt die Hühnerbrühe in den Topf gießen und gut umrühren. Schließlich die Milch dazugießen.

4 ___ Brokkoli und Lorbeerblätter hinzugeben, den Deckel auflegen und den Eintopf 30 Minuten bei schwacher Hitze köcheln lassen, damit am Topfboden nichts anbrennt.

5 ___ Zum Schluss mit Muskatnuss verfeinern, mit Salz und Pfeffer abschmecken und mit Reis servieren.

Am nächsten Tag schmeckt der Eintopf sogar noch besser, da er schön durchgezogen ist. Außerdem kannst du ihn für etwas Abwechslung statt mit Reis auch mit Brot deiner Wahl servieren!

卵サンド

Tamago Sando

EIER-SANDWICH

Zubereitungszeit: 20 Minuten
Für 2 Portionen

---

3 Eier

2 Prisen Salz, mehr nach Geschmack

2 Prisen Pfeffer, mehr nach Geschmack

2 EL (japanische) Mayonnaise

¼ TL Zucker

½ EL Milch deiner Wahl

optional ¼ TL Senf

4 Scheiben japanisches Milchbrot Shokupan, alternativ Sandwich-Toast

weiche Butter zum Bestreichen

optional Petersilie zum Garnieren

1 ___ Zunächst Wasser in einen Topf geben und aufkochen lassen. Die Eier hineingeben und 10 Minuten kochen. Anschließend die Eier in eiskaltes Wasser tauchen, um sie abzuschrecken. Danach vorsichtig schälen.

2 ___ Die Eier jeweils halbieren und mit einem Teelöffel o. Ä. vorsichtig das Eigelb vom Eiweiß trennen.

3 ___ Das Eigelb mit einer Gabel zerdrücken und zum Schluss Salz, Pfeffer, Mayonnaise, Zucker, Milch und optional Senf dazugeben. Gut verrühren, bis eine cremige Masse entsteht.

4 ___ Das Eiweiß in kleine Würfel schneiden, zur Eigelbmasse geben und umrühren.

5 ___ Die Brotscheiben mit der weichen Butter bestreichen. Zwei Brotscheiben mit der Eiermasse bestreichen.

6 ___ Mit den beiden restlichen Brotscheiben abdecken und vorsichtig zusammenpressen. Optional die Ränder abschneiden und schließlich das Eiersandwich halbieren. Vor dem Servieren optional mit Petersilie garnieren.

Das Tamago Sando ist wohl das beliebteste Sandwich aus japanischen Convenience Stores. So machst du dir deine eigene Version ganz einfach zu Hause!

ちゃんこ鍋

Chanko Nabe

SUMO-EINTOPF MIT GEMÜSE UND FLEISCHBÄLLCHEN

Zubereitungszeit: 40 Minuten
Für 2 Portionen

HACKBÄLLCHEN

200 g Hackfleisch (Hähnchen), alternativ Schwein, Rind oder veganes Hack

1 EL Sojasauce

1 ½ EL Speisestärke

1 Prise Salz

1 Prise Pfeffer

3 EL gehackte Frühlingszwiebeln

10 g Ingwer, gerieben

BRÜHE

600 ml Hühnerbrühe, alternativ Dashi-Brühe

1 EL Sojasauce

2 EL Mirin

3 EL Sake, alternativ Weißwein

1 TL geriebener Ingwer

1 Knoblauchzehe, gerieben

½ TL Salz

1 TL Sesamöl

ZUTATEN FÜR DEN EINTOPF

200 g Tofu Natur (Abtropfgewicht)

250 g Chinakohl

50 g Karotten

1 Packung Shimeji-Pilze (150 g)

50 g Zwiebeln

1 Frühlingszwiebel

1 ___ Zunächst das Hackfleisch mit Sojasauce, Speisestärke, Salz, Pfeffer, Frühlingszwiebeln und Ingwer in eine Schüssel geben. Gut vermengen und mit zwei Löffeln oder den Händen ca. 1 EL große Kügelchen formen. Zur Seite stellen.

2 ___ Währenddessen die Hühnerbrühe zusammen mit Sojasauce, Mirin, Sake, Ingwer, Knoblauch, Salz und Sesamöl in einen Topf geben und bei schwacher Hitze erwärmen.

3 ___ Danach die Zutaten für den Eintopf vorbereiten: Tofu würfeln, Chinakohl waschen, Karotten und Zwiebeln schälen, Pilze putzen. Alles in mundgerechte Stücke schneiden und in den Topf geben. Einen Deckel auflegen und den Eintopf ca. 10 Minuten bei mittlerer Hitze kochen lassen.

4 ___ Die Hackbällchen hineingeben und zugedeckt ca. 10 Minuten mitgaren, bis sie durchgegart sind.

Den Eintopf servierst du mit Reis und Dips wie Ponzu-Sauce (alternativ Sojasauce mit etwas Essig und Zitronensaft vermengen) oder japanischem Sesamdressing.

Chanko Nabe ist ein japanisches Hot-Pot-Gericht, das typischerweise von Sumoringern verzehrt wird. Dabei variiert man je nach Präferenz die Zutaten oder auch die Brühe, damit es nicht an Abwechslung in der Ernährung fehlt. Hier findest du meine Lieblingsversion des Eintopfes!

SÜSSES

スイーツ

Egal wie voll man ist, Platz für Süßes ist immer da, oder? Dango am Spieß, Mochi, Eis oder Kekse mit unserem allseits beliebtem Matcha – hier findest du eine kleine, aber feine Sammlung von klassischen, japanischen Desserts und Snacks. Alles kannst du selbstverständlich entweder direkt nach dem Essen servieren oder einfach zwischendurch naschen!

Durstig? Begleitend zu süßen Speisen einen Tee trinken – das ist nicht nur üblich, es ist förmlich Teil der japanischen Kultur. Besonders beliebt ist der grüne Tee, der auch mein persönlicher Favorit ist. Der leicht bittere, aber angenehme Geschmack passt einfach perfekt zu einem süßen Snack! Probiere es unbedingt selbst einmal aus.

いちご大福

Ichigo Daifuku

MOCHI MIT ERDBEEREN UND ROTER BOHNENPASTE

Zubereitungszeit: 20 Minuten
Für 6 Stück

100 g Klebreismehl

40 g Zucker

Kartoffel- oder Speisestärke zum Bestäuben

150 g süße rote Bohnenpaste

6 Erdbeeren

1 ___ Das Klebreismehl in eine Schüssel sieben, den Zucker und 150 ml Wasser dazugeben. Solange miteinander verrühren, bis eine leicht dickflüssige Masse entsteht.

2 ___ In der Mikrowelle: Die Masse mit Frischhaltefolie oder einem Deckel bedecken und bei 500 Watt ca. 2 Minuten erwärmen. Die Schüssel herausnehmen, die Masse durchrühren, wieder bedecken und anschließend noch 1 Minute in die Mikrowelle geben.

3 ___ In der Pfanne: Die Masse in eine beschichtete Pfanne geben und bei schwacher bis mittlerer Hitze auf den Herd stellen. Konstant ohne Pause mit einem Kochlöffel o. Ä. umrühren und darauf achten, dass die Hitze nicht zu stark wird. Nach ca. 6 Minuten sollte sich ein Klumpen bilden.

4 ___ Die Masse ca. 5 Minuten abkühlen lassen. Dann auf eine Arbeitsfläche legen, die großzügig mit Kartoffel- oder Speisestärke bedeckt ist, damit nichts klebt. Auf die obere Seite ebenfalls etwas Stärke streuen.

5 ___ In 6 gleichmäßige Stücke teilen und jede Portion dünn und kreisrund ausrollen. Die Mitte sollte etwas dicker sein als der Rand.

6 ___ Die rote Bohnenpaste in sechs Portionen teilen, zu Kugeln formen und flach drücken. Mit den Händen die Erdbeeren mit der Bohnenpaste ummanteln, sodass oben 1 Stück Erdbeere rausschaut.

7 ___ Jetzt die ummantelten Erdbeeren mit den Händen jeweils kopfüber auf 1 Stück Teig legen und darin einwickeln. Die Nahtstelle oben zusammendrücken, die Mochi kopfüber auf einen Teller stellen und servieren.

Für eine andere schöne und leichtere Variante umwickelst du zunächst nur die Kugel aus roter Bohnenpaste mit dem Teig. Danach schneidest du oben mit einer Schere einen kleinen Schlitz hinein und platzierst dort die Erdbeere.

抹茶アイス

Matcha Aisu

MATCHA-EIS MIT NUR DREI ZUTATEN (OHNE EISMASCHINE)

Zubereitungszeit: 15 Minuten
Kühlzeit: 5 Stunden
Für 15 Kugeln

---

10 g Matchapulver

300 ml gesüßte Kondensmilch

400 ml Schlagsahne

1 ___ Das Matchapulver in eine Schüssel sieben und mit der Kondensmilch gut vermischen, bis keine Klümpchen mehr zu sehen sind.

2 ___ Die Sahne in eine Schüssel geben und mit einem Mixer o. Ä. steif schlagen. Zunächst 1 Minute auf niedriger Stufe und schließlich weitere 2–3 Minuten auf hoher Stufe mixen, bis die Sahne etwas fester wird. Die Sahne sollte nicht zu lange geschlagen werden.

3 ___ Nun die Kondensmilch mit dem Matchapulver vorsichtig unter die Sahne heben, bis sich alles gut verteilt hat und die Mischung leicht grün wird. Nicht zu lange und stark rühren!

4 ___ Die Mischung sofort in einen Gefrierbehälter geben, verschließen und für mindestens 5 Stunden oder über Nacht ins Tiefkühlfach stellen.

Am besten lässt du das Matcha-Eis vor dem Servieren 5–10 Minuten antauen, damit du es einfacher in Kugeln portionieren kannst.

みたらし団子

Mitarashi Dango

DANGO-SPIESS MIT SÜSS-HERZHAFTER SAUCE

Zubereitungszeit: 20 Minuten
Für 3 Spieße à 3 Dango-Kugeln

130 g Seidentofu (Abtropfgewicht)

100 g Klebreismehl

Öl zum Anbraten

2 EL Kartoffel- oder Speisestärke

4 EL Zucker

2 EL Sojasauce

2 EL Mirin

1 ___ Holzspieße im kalten Wasser einweichen. Den Seidentofu leicht abtropfen lassen.

2 ___ Klebreismehl und Seidentofu in eine Schüssel geben und zu einem Teig vermengen. Aus dem Teig mit der Hand neun Kugeln formen (jeweils ca. 25 g schwer).

3 ___ Wasser in einem Topf aufkochen lassen und die Kugeln hineingeben. Sobald die Dango an die Oberfläche aufschwimmen, weitere 1–2 Minuten kochen lassen. Danach mit einem Sieb herausnehmen, in eiskaltem Wasser abkühlen und mit Küchenpapier o. Ä. gründlich abtrocknen.

4 ___ Jeweils drei Dango-Kugeln auf einen Holzspieß stecken. In einer Pfanne mit einer sehr dünnen Schicht Öl die Dango-Spieße auf jeder Seite bei mittlerer Hitze goldbraun anbraten.

5 ___ In einem Topf 150 ml Wasser, Stärke, Zucker, Sojasauce und Mirin verrühren und dann auf mittlere Hitze stellen. Dabei konstant rühren, bis die Sauce dickflüssig wird, und dann vom Herd nehmen.

6 ___ Die Dango-Spieße mit der fertigen Sauce übergießen und servieren.

Sollte noch etwas von der Sauce übrig sein, kannst du sie super als zusätzlichen Dip verwenden!

花
見
団
子

Hanami Dango

DREIFARBIGER DANGO-SPIESS

Zubereitungszeit: 20 Minuten
Für 4 Spieße à 3 Dango-Kugeln

130 g Klebreismehl

130 g Seidentofu (Abtropfgewicht)

70 g Zucker

½ TL Matchapulver

rosa Lebensmittelfarbe

1 ___ Klebreismehl, Seidentofu und Zucker in eine Schüssel geben und gut miteinander vermengen, bis ein Teig entsteht.

2 ___ Den Teig in drei gleiche Portionen aufteilen. Dann eine Portion mit dem Matchapulver vermengen, bis eine gleichmäßige grüne Farbe entsteht.

3 ___ In die zweite Portion nach und nach etwas rosa Lebensmittelfarbe geben und untermengen, bis der Teig pastellrosa wird.

4 ___ Alle Teigportionen vierteln und jeweils mit der Hand vier Kugeln formen.

5 ___ Wasser in einem Topf aufkochen lassen und die weißen Kugeln hineingeben. Sobald die Dango an die Oberfläche aufschwimmen, weitere 1–2 Minuten kochen lassen. Danach mit einem Sieb herausholen, in eiskaltem Wasser abkühlen und mit Küchenpapier o. Ä. gründlich abtrocknen.

6 ___ Den Prozess anschließend für die rosa Dango-Kugeln wiederholen und zum Schluss die grünen Dango-Kugeln kochen. Jede Farbe einzeln garen, damit sich nichts verfärbt.

7 ___ Holzspieße bereitlegen. Zuerst die grünen, dann die weißen und zum Schluss die rosa Dango-Kugeln aufspießen und servieren.

Besonders gerne werden Hanami Dango im Frühling, zur Zeit der Kirschblüte, gegessen. Daher auch der Name: »Hanami« bezeichnet in Japan ein Picknick mit Freund:innen und Familie unter blühenden Kirschbäumen. Diese Dango-Spieße werden auch »Sanshoku Dango« genannt, was übersetzt »dreifarbige Dango« bedeutet.

抹茶クッキー

Matcha Kekse

MARMORKEKSE MIT MATCHA

Zubereitungszeit: 15 Minuten
Ruhezeit: 60 Minuten
Backzeit: 15 Minuten
Für 12 Stück

100 g weiche Butter

65 g Puderzucker

1 Eigelb

170 g Weizenmehl, Type 405

5 g Matchapulver

1 ___ Zunächst die Butter in einer Schüssel gut verrühren, bis sie cremig ist.

2 ___ Den Puderzucker daraufsieben, gut vermengen und anschließend das Eigelb einrühren. Das Mehl daraufsieben. Nur so lange kneten, bis sich alles zu einem Teig verbindet.

3 ___ Den Teig in zwei Portionen teilen und zu einer Hälfte das Matchapulver geben. Wieder nur so lange kneten, bis das Matcha gleichmäßig verteilt ist.

4 ___ Beide Teighälften dünn ausrollen (ca. 0,5 cm dick) und so aufeinanderlegen, dass der untere Teig oben etwas herausschaut.

5 ___ Jetzt in sechs Streifen schneiden und diese aufeinanderlegen. Das Ganze zu einer Rolle mit ca. 4 cm Durchmesser formen. In Frischhaltefolie einpacken und 1 Stunde im Kühlschrank ruhen lassen.

6 ___ Die Teigrolle in 1 ½ cm dicke Scheiben schneiden. Die Kekse auf einem mit Backpapier auslegten Blech verteilen und im vorgeheizten Ofen bei 150 °C Umluft ca. 15 Minuten backen. Vor dem Servieren abkühlen lassen.

Die Kekse dürfen beim Backen nicht braun werden, also immer den Ofen im Blick behalten. Am Ende der Backzeit sind die Kekse noch etwas weich. Lass sie also auf jeden Fall abkühlen, bevor du sie verzehrst!

DANKSAGUNG

Wer hätte jemals gedacht, dass ich ein Kochbuch rausbringe? Dass ich hier meine Leidenschaft für Essen und die japanische Kultur in Form eines Buches mit euch teilen kann, ist eine wirklich große Ehre und ein wahr gewordener Traum. Das wäre aber ohne die tatkräftige Unterstützung vieler lieber Menschen nicht möglich gewesen.

In erster Linie möchte ich mich bei dem wunderbaren Verlag bedanken, der dieses großartige Projekt erst möglich gemacht hat: Sarah, Denise und allen anderen Beteiligten, danke für euren Einsatz!
Für die tägliche Unterstützung möchte ich mich auch bei meinen Freunden, allen voran Nika und Vio, und meiner Familie bedanken.

Besonderer Dank geht an meine Mama. Danke, dass du mir die japanische Küche schon im frühen Alter nähergebracht hast und es dir nie zu aufwendig war, uns eine leckere warme Mahlzeit auf den Tisch zu zaubern.

Ebenfalls möchte ich großen Dank an meine Freundin aussprechen. Liebe Chanti Belle, nicht umsonst bist du meine große Liebe, sogar noch vor meinem Reiskocher! Danke, dass du mich unterstützt und mir dabei hilfst, die beste Version meiner selbst zu sein. Ohne dich wäre ich nicht der Mensch, der ich heute bin. Du bist die Beste!

Am meisten möchte ich mich aber natürlich bei dir bedanken, egal ob du mich vorher schon aus dem Internet kanntest oder aus Interesse an der japanischen Küche dieses Buch aus dem Regal genommen hast. Danke, danke, danke! Ohne euch Leser:innen und Follower:innen wäre das alles gar nicht möglich. Es macht mich immer wieder glücklich zu sehen, dass japanische Gerichte ihren Weg in Haushalte außerhalb Japans finden und dass wir alle ein Teil davon sind, macht mich extrem stolz. Ich kann mich nur von Herzen bei euch bedanken **– Arigatō Gozaimasu**!

ÜBER DEN AUTOR

Riku Tanaka aka Riku Eats ist ein in Frankfurt am Main aufgewachsener Japaner. Ende 2022 teilte er sein erstes Rezeptvideo. Bereits ein halbes Jahr später folgten ihm auf Instagram und TikTok jeweils über 100.000 Fans. Seine Community liebt Rikus einfache japanische Rezepte und seine authentischen Einblicke in das Leben japanischer Kultur in Deutschland.

ZUTATENGLOSSAR

Aonori: Getrocknete grüne Algenflocken für würzigen Meeresgeschmack.

Austernsauce: Braune, dickflüssige Würzsauce mit Austernextrakt.

Beni Shōga: Roter, in Streifen geschnittener, eingelegter Ingwer mit süß-saurer Note.

Chiliöl La-Yu: Scharfes Chiliöl für mehr Würze.

Daikon-Rettich: Weißer, länglicher Rettich mit mild-scharfem Geschmack.

Dashi-Pulver: Instantpulver für Brühe, bestehend aus Bonitoflocken und Kombu-Algen.

Japanische Currywürfel: Fertige Mischung für japanisches Curry in Blockform.

Japanische Mayonnaise: Mayonnaise mit mehr Eigelb und intensivem Geschmack.

Japanischer Rundkornreis / Sushi-Reis: Weißer Rundkornreis, klebrig und leicht süßlich.

Japanisches Sesamdressing: Dressing aus geröstetem Sesam für Salate oder Dips.

Katsuobushi: Getrocknete Bonitoflocken für umami-reichen Geschmack.

Klebreismehl: Mehl aus Klebreis für Teig.

Kombu-Algen: Seetangstreifen für umami-reichen Geschmack.

Lotuswurzeln: Wurzeln der Lotuspflanze, meistens in Scheiben geschnitten.

Matchapulver: Fein gemahlenes Pulver aus getrocknetem grünem Tee.

Mirin: Süßer Reiswein für eine süßliche Note und Glanz.

Miso: Fermentierte Paste aus Sojabohnen.

Naturtofu: Tofu mit fester Konsistenz, zum Frittieren und Braten.

Nori-Blätter: Getrocknete Seetangblätter für Sushi-Rollen.

Okonomi-Sauce: Würzige Sauce für Okonomiyaki.

Panko: Japanisches Paniermehl für besonders knusprige Panaden.

Ponzu: Dip aus Sojasauce und Zitrusfrüchten.

Ramen-Nudeln: Japanische Nudeln für Ramen.

Reisessig: Essig aus fermentiertem Reis mit milder, angenehmer Säure.

Sake: Alkoholhaltiges Getränk aus fermentiertem Reis zum Kochen und Trinken.

Seidentofu: Tofu mit cremiger und weicher Konsistenz.

Sesamöl: Aus geröstetem Sesam gewonnenes Öl für nussiges Aroma.

Shichimi Togarashi: Japanische Gewürzmischung aus sieben Zutaten für leichte Schärfe.

Shiitakepilze: Pilze für Umami-Geschmack, meistens getrocknet zu kaufen.

Shimeji-Pilze: Kleine Pilze mit nussigem und mild-süßem Geschmack (in Deutschland auch als Buchenpilze im Handel).

Shokupan: Besonders weiches japanisches Milchbrot.

Sojasauce: Sauce aus fermentierten Sojabohnen für salzigen Geschmack.

Sushi-Ingwer: Eingelegter Ingwer als Beilage zu Sushi.

Süße rote Bohnenpaste (Anko): Süßliche Paste aus roten Bohnen.

Takuan: Gelber eingelegter Rettich.

Toban Djan: Scharfe Sauce aus fermentierten Chilischoten und Bohnen.

Tonkatsu-Sauce: Würzige, leicht süße Sauce für Frittiertes.

Udon-Nudeln: Dicke, weiße Nudeln für Suppen und Gebratenes.

Wakame-Algen: Kleine Algenblätter, meistens getrocknet.

Wasabi: Scharfer grüner Meerrettich als Ergänzung für Sushi und Sashimi.

Yakisoba-Sauce: Braune Sauce für japanische gebratene Nudeln.

ZUTATENREGISTER

A

Aonori: 114, 120

B

Beni Shōga: 82, 114, 120
Brokkoli: 56, 64, 70, 122

C

(La-Yu) Chiliöl: 52, 98, 110

D

Dashi-Pulver: 28, 36, 42, 58, 72, 80, 82, 84, 86, 102, 104, 112, 118, 120

E

Ei: 38, 46, 60, 62, 64, 80, 84, 86, 88, 90, 94, 98, 100, 102, 104, 106, 120, 124, 138

F

Frühlingszwiebel: 28, 40, 42, 46, 52, 58, 60, 68, 70, 80, 82, 84, 88, 94, 100, 102, 104, 108, 118, 120, 126

G

Garnele: 72, 86
Gurke: 38, 44, 78

H

Hackfleisch: 52, 56, 64, 88, 98, 100, 126
Hähnchen: 50, 54, 68, 80, 88, 90, 92, 122, 126

K

Kartoffel: 38, 56, 58, 92, 122
Karotte: 34, 38, 58, 72, 86, 90, 92, 112, 114, 122, 126
Katsuobushi: 26, 40, 112, 120
Kohl: 52, 56, 62, 64, 66, 112, 114, 120, 126

L

Lachs: 70, 76, 78
Lotuswurzel: 72, 86

M

Matchapulver: 132, 136, 138
(Klebreis-)Mehl: 130, 134, 136
(Weizen-)Mehl: 42, 52, 56, 62, 72, 120, 122, 138
Misopaste (hell): 28, 70, 98, 100

N

Nori-Blatt: 76, 78, 104
(Ramen-)Nudeln: 98, 100, 102, 104, 114
(Udon-)Nudeln: 112, 118

P

Panko: 56, 62, 64
Paprika: 72, 116
Pilze: 72, 86, 116, 126

R

Reis: 24, 30, 76, 78, 80, 82, 84, 86, 88, 90, 92, 94, 122
(Daikon-)Rettich: 42, 73
Rindfleisch: 52, 56, 58, 64, 82, 88, 92, 98, 100, 112, 114, 126

S

(Koch-)Schinken: 38, 94, 102, 104
Schweinebauch & Chashu: 58, 60, 94, 102, 104, 108
Shichimi Togarashi: 80, 118
Sojasprossen: 100, 114

T

Thunfisch: 44, 76, 78
Toban Djan: 98, 100
(Natur-)Tofu: 28, 42, 112, 114, 126
(Seiden-)Tofu: 28, 40, 42, 134, 136
Tomate: 56, 62, 64, 70, 90
Tonkatsu-Sauce: 56, 62, 64

W

Wakame-Alge, getrocknet: 28, 44

DISCLAIMER

Die im Kochbuch genannten Produktempfehlungen, Markennamen und Verweise auf Shopseiten basieren auf den persönlichen Erfahrungen und Vorlieben des Autors. Es handelt sich nicht um bezahlte Produktplatzierungen oder gesponserte Inhalte.

IMPRESSUM

Umai! Einfach japanisch kochen

MIX
Papier | Fördert gute Waldnutzung
FSC® C109273

5. Auflage

© 2024 CE Community Editions GmbH
Weyerstraße 88–90
50676 Köln, Deutschland

Alle Rechte der Verbreitung, auch durch Film, Funk, Fernsehen, fotomechanische Wiedergabe, Tonträger aller Art, auszugsweisen Nachdruck oder Einspeicherung und Rückgewinnung in Datenverarbeitungsanlagen aller Art, sind vorbehalten. Vervielfältigungen dieses Werkes für das Text- und Data-Mining bleiben vorbehalten. Die Verwendung des Werkes oder Teilen davon zum Training künstlicher Intelligenz-Technologien oder -Systeme ist untersagt. Die Inhalte dieses Buches sind von Autoren und Verlag sorgfältig erwogen und geprüft, dennoch kann eine Garantie nicht übernommen werden. Eine Haftung von Autoren und Verlag für Personen-, Sach- und Vermögensschäden ist ausgeschlossen. Bei Fragen zur Produktsicherheit wenden Sie sich bitte an:
produktsicherheit@community-editions.de

Text: Riku Tanaka
Fotos: Riku Tanaka
Layout, Design & Satz: BUCH & DESIGN Vanessa Weuffel
Projektleitung: Sarah Völker
Lektorat: Carmen Söntgerath
Illustrationen: BUCH & DESIGN Vanessa Weuffel
Umschlaggestaltung: Mox Mildner

Abbildungsnachweis:
Annika Ziegeweid: Autorenfoto (Cover Sticker), S. 4 | Riku Tanaka: S. 1 (Logo) |
Strawberry Blossom: Umschlag & S. 2 (Wellenmuster)

Gesetzt aus der Quicksand von Andrew Paglinawan

Community EDITIONS

Gesamtherstellung: CE Community Editions GmbH

ISBN 978-3-96096-465-0

Druck: Druk Intro, ul. Świętokrzyska 32, 88–100 Inowrocław, Polen
Printed in Poland

www.community-editions.de